New York

W0062865

Der Autor
Ken Chowanetz

Unser E-Book-Code zur elektronischen Erweiterung des POLYGLOTT on tour. Das kostenlose E-Book enthält die im Reiseführer aufgeführten Adressen entlang der Touren, beispielsweise zu Essen und Trinken, Shoppen, Aktivitäten und Hotel-Tipps. Links auf einen externen Kartendienst vereinfachen das Auffinden dieser Adressen.

Mit großer Faltkarte
& 80 Stickern
für die individuelle Planung

www.polyglott.de

SYMBOLE ALLGEMEIN

! Erst-klassig	Besondere Tipps der Autoren
SPECIAL	Specials zu besonderen Aktivitäten und Erlebnissen
SEITEN BLICK	Spannende Anekdoten zum Reiseziel
	Top-Highlights und Highlights der Destination

TOUR-SYMBOLE		**PREIS-SYMBOLE**	
❶	Die POLYGLOTT-Touren		Hotel DZ	Restaurant
🔢6	Stationen einer Tour	€	bis 150 $	bis 20 $
❶	Zwischenstopp Essen & Trinken	€€	150 bis 300 $	20 bis 40 $
①	Hinweis auf 50 Dinge	€€€	über 300 $	über 40 $
[A1]	Die Koordinate verweist auf die Platzierung in der Faltkarte			
[a1]	Platzierung Rückseite Faltkarte			

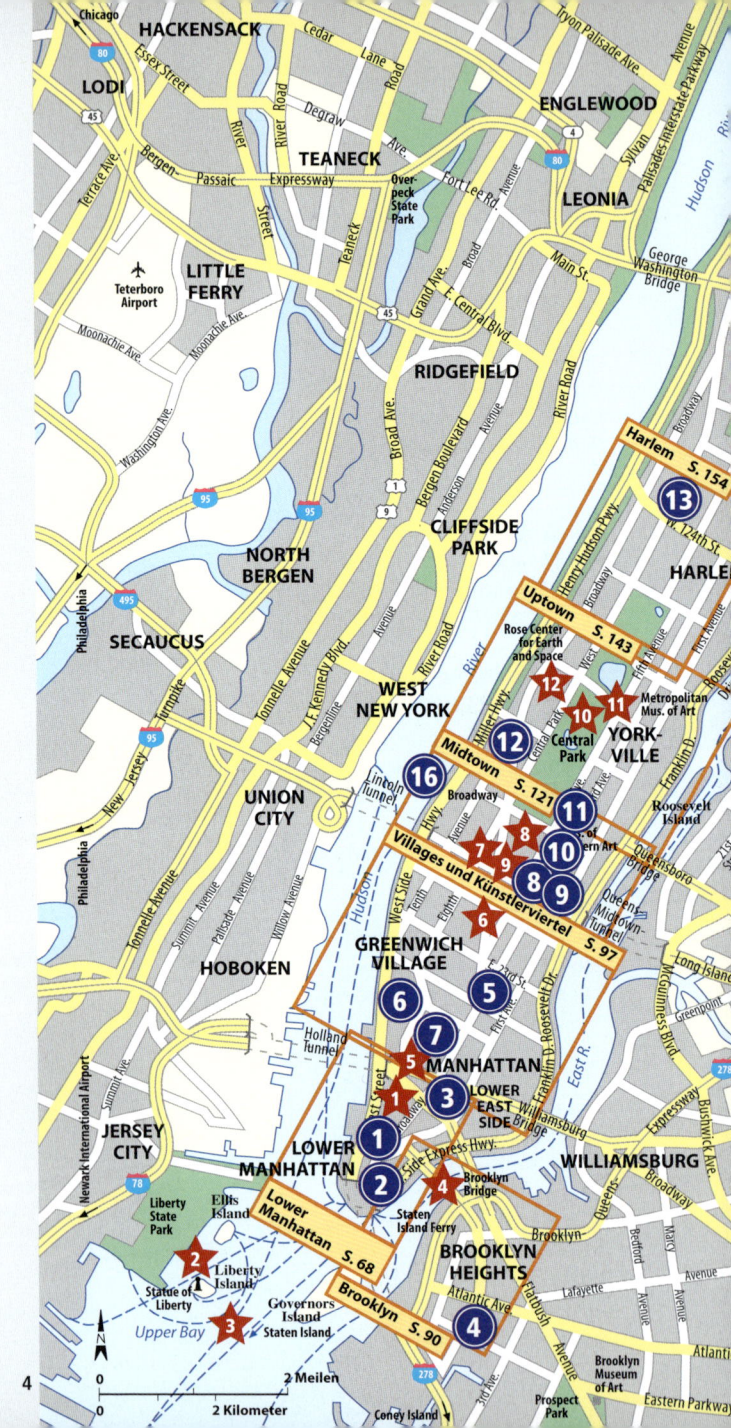

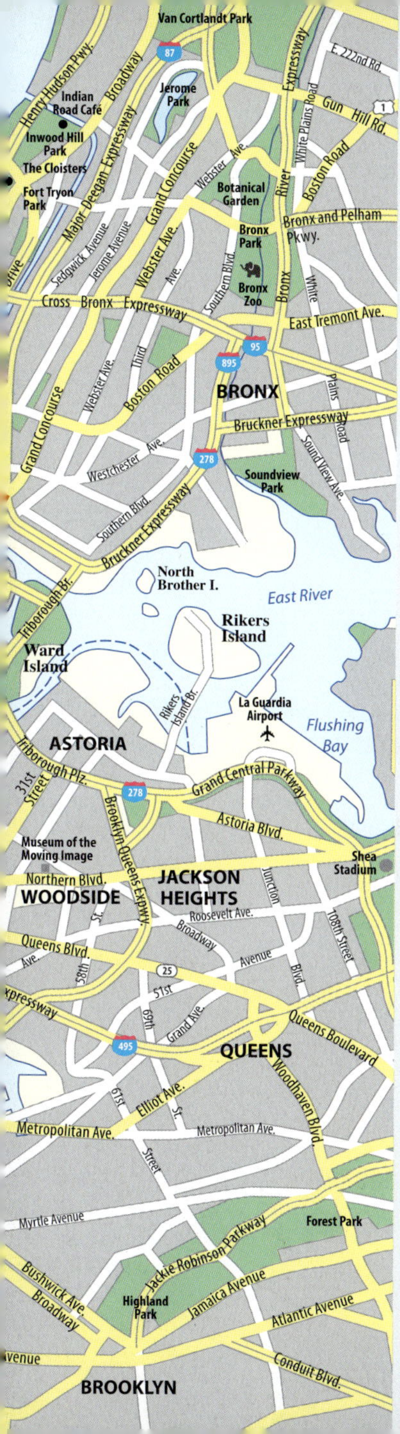

Perfekte Planung
Parallel Klappe vorne links aufschlagen

 **Touren-Start**

Top 12 Highlights

1. Ground Zero › S. 70
2. Statue of Liberty › S. 75
3. Ellis Island › S. 77
4. Brooklyn Bridge › S. 96
5. Cast Iron District in SoHo › S. 111
6. Empire State Building › S. 123
7. Times Square › S. 128
8. Museum of Modern Art › S. 134
9. Grand Central Terminal › S. 137
10. Central Park › S. 145
11. Metropolitan Museum of Art › S. 148
12. American Museum of Natural History › S. 152

Zeichenerklärung der Karten

☐	beschriebenes Stadtviertel (Seite=Kapitelanfang)
🔟 Ⓔ ⓗ	Sehenswürdigkeiten
🔟	Zwischenstopp: Essen und Trinken
④	Tourenvorschlag
	Autobahn
	Schnellstraße
	Hauptstraße
	sonstige Straßen
	Fußgängerzone
	Eisenbahn
	Staatsgrenze
	Landesgrenze
	Nationalparkgrenze

Mit dem Bau des One World Trade
Center hat New York der Welt gezeigt,
dass es sich nicht unterkriegen lässt

TYPISCH

New York ist eine Reise wert!

Exbürgermeister Rudy Giuliani nennt New York »Hauptstadt der Welt«.
Ganz so weit muss man zwar nicht gehen, fest steht aber: Die Metropole ist
ein Magnet von unerhörter Anziehungskraft für Menschen, die aus aller
Herren Länder und aus unterschiedlichsten Gründen hierherkommen.

Der Autor **Ken Chowanetz**
ist schon vom Sternzeichen her (Schütze, Aszendent Schütze)
zu ausgiebigem Reisen verpflichtet – und kommt dieser Aufgabe so oft wie möglich nach. Dutzende Trips führten ihn dabei im Lauf der vergangenen 30 Jahre nach New York. Genug
vom faszinierenden Big Apple hat der Tageszeitungsredakteur,
der auch den POLYGLOTT-Titel »New York zu Fuß entdecken«
schrieb, deshalb aber noch lange nicht. Im Gegenteil.

Endlich wieder in New York. Schnell das Gepäck aufs Zimmer, den Achtstundenflug abduschen und ab nach Downtown, zum Ferry Building an der Südostecke des Battery Park. Es gibt Rituale, die bleiben für immer. Und dieses gehört seit meinem ersten Besuch in der beeindruckendsten, vielfältigsten, widersprüchlichsten, gigantischsten, hektischsten und aufregendsten Stadt auf dem Globus dazu: rauf auf die Fähre nach Staten Island, einen lauschigen Platz auf dem Oberdeck gesucht – und bereit gemacht für ein süchtig machendes

New Yorks Skyline – bei jedem Besuch anders, aber immer wunderschön

Ein ungewohntes Bild: Tische und Stühle auf dem Times Square

Open-Air-Spektakel. Mit jeder Minute der kurzen Fahrt nach Staten Island öffnet sich das Bild weiter zu einer Totalen und gibt den Blick auf die unbeschreiblich schöne Skyline Manhattans frei. Links kommt gleichzeitig die Freiheitsstatue ins Bild, die für Menschen aus aller Welt immer noch das Synonym schlechthin ist für das Land der unbegrenzten Möglichkeiten. Fast möchte man den Nachbarn, der gelangweilt an seinem Kaffee nippt und sich dann wieder in irgendeine App seines Smartphones vertieft, rütteln. »Look at this – sieh Dir das doch an!« Aber viele Passagiere machen die Tour mit der Staten Island Ferry Tag für Tag, scheinen sich an der phänomenalen Aussicht sattgesehen zu haben. Könnte mir das auch passieren? Niemals!

Einige der Fähren-Pendler, die keinen Blick mehr auf die Skyline werfen, haben möglicherweise noch gar nicht bemerkt, dass sich der Ausblick dramatisch verändert hat. Der Süden Manhattans wird neuerdings dominiert vom One World Trade Center. Der Wolkenkratzer, der an der Stelle der früheren Twin Towers 1776 Fuß in die Höhe ragt und mit dieser Zahl an das Jahr der amerikanischen Unabhängigkeitserklärung erinnert, ist schon jetzt ein Symbol für das, was New York ausmacht und wofür nicht nur ich es liebe: »Egal, was passiert: Wir lassen uns nicht unterkriegen, kommen aus jeder Krise gestärkt hervor.«

New York scheint seltsam vertraut. Dafür sorgen schon unzählige Filme und Fernsehserien, die hier spielen und Sehnsuchtsbilder von Broadway und Battery Park, von Empire State Building und Ellis Island, von Central Park und Chelsea in alle Welt transportieren. Aber wer meint, die Megacity zu kennen, wird jedes Mal aufs Neue überrascht, egal, ob es der erste, fünfte oder zehnte Besuch im Big Apple

Die allgegenwärtigen Taxis kennt man – Radfahrer sind neu

In New York ist alles etwas größer – das gilt auch für die Sandwiches

chen. Eine Tour durch die Stadt wird so zu einer faszinierenden Weltreise, bei der man von Chinatown über eine Fußgängerampel nach Little Italy gelangt. Little Albania, Little Brazil, Little Manila, der norwegisch geprägte Lapskaus Boulevard – die Liste der Einwanderer-Stadtteile ist schier endlos. Egal, ob diese Exklaven 50 000 oder 50 Einwohner haben: Ein Restaurant mit landestypischer Speisekarte findet sich immer. New York als Weight Watchers' Waterloo zu bezeichnen, ist sicherlich keine Übertreibung. Aber hey – wann kann man schon einmal peruanisch essen oder Spezialitäten aus Bhutan kosten?

Ein Sternenhimmel in einem Bahnhof, eine Seilbahn durch die Hochhausschluchten, ein Vergnügungspark am Stadtstrand, eine Parkanlage auf einer stillgelegten Hochbahntrasse, angesagte Clubs in alten Schlachthäusern, Socken im Dreierpack oder ein Cupcake-Automat, der 24 Stunden die kleinen süßen Kuchen anbietet: In New York gibt es nichts, was es nicht gibt – und die Bewohner der Stadt sind eifrig bemüht, diesem Image zu entsprechen. Ein Streifzug durch den Big Apple wird deshalb immer auch zu einer Entdeckungstour. Zeit dafür ist genug. Beinahe jeder in der energiegeladenen Stadt hat jene Erfahrung gemacht, die Simone de Beauvoir so charmant in Worte fasste: »Irgendetwas ist in New York in der Luft, das Schlaf nutzlos macht.«

ist. New York erfindet sich immer wieder neu. Wer hätte vor zehn Jahren gedacht, dass einmal ein stetig wachsendes Radwegenetz die chronisch von Autos verstopfte Stadt durchziehen würde? Und hätte mir jemand prophezeit, dass ich einmal auf dem Times Square, dem einst hektischsten Verkehrsknotenpunkt Manhattans, im Liegestuhl die Sonne genießen kann – ich hätte ihn wohl für verrückt erklärt.

Natürlich bleibe ich nicht lange sitzen. New York ist in Bewegung. Tag und Nacht. Immer. Die Hektik der Menschen, die in anderen Städten nervig wirken würde, gehört hier zum faszinierenden Gesamtarrangement einer Stadt, die sich als Pulsgeberin der westlichen Welt versteht. Ein entschleunigtes New York kann ich mir ungefähr so gut vorstellen wie einen leeren U-Bahn-Zug zur Rushhour.

8,4 Mio. Menschen buchstäblich aus aller Herren Länder leben in New York. Unglaubliche 800 Sprachen werden in der Stadt gespro-

Reisebarometer

Was macht New York so besonders? Neben der atemberaubenden Skyline, reich bestückten Museen und Shoppingtempeln der Superlative faszinieren der bunte Völkermix und die alle Lebensbereiche erfassende Dynamik der Megacity.

10× richtig gut

Beeindruckende Architektur
Brücken-Legenden und spektakuläre Wolkenkratzer

Grüne Oasen
Der Central Park ist der größte Stadtpark der Welt.

Kultur- und Eventangebot
Theater und Musicals am Broadway, Oper in der »Met«

Museen und Besichtigungen
3 Mio. Kunstwerke besitzt allein das Metropolitan Museum.

Kulinarische Vielfalt
In New York deckt die ganze Welt den Tisch.

Spaß und Abwechslung für Kinder
Spielzeugparadiese und die weltgrößte Saurierausstellung

Shoppingangebot
Vielfalt vom Nobelkaufhaus an der Fifth Avenue bis zum Bauernmarkt in Harlem

Ausgehen
Rooftop-Bars, Live-Jazz und eine schillernde Clubszene

Ausflüge ins Umland
Strände auf Long Island, Wildnis im Inwood Hill Park

Preis-Leistungs-Verhältnis
Preiswert ist New York nicht, aber nirgendwo sonst auf der Welt macht das Geldausgeben so viel Spaß.

● = gut　●●●●● = übertrifft alle Erwartungen

50 Dinge, die Sie ...

Hier wird entdeckt, probiert, gestaunt, Urlaubserinnerungen werden gesammelt und Fettnäpfe clever umgangen. Diese Tipps machen Lust auf mehr und lassen Sie die ganz typischen Seiten erleben. Viel Spaß dabei!

... erleben sollten

(1) Mozart in der Met Die Met › **S. 48** steht für Top-Besetzungen, effektvolle Inszenierungen und aufwendige Bühnenbilder: Hören und sehen Sie selbst – Operngläser gibt es an der Garderobe. Nachmittägliche Backstagetouren zeigen, wie das Gesamtkunstwerk zustandekommt.

(2) Joggen wie »Marathon Man« Der 2,5 km lange Weg rund um das Reservoir [C4/5] im Central Park, auf dem schon Dustin Hoffman im Filmklassiker seine Runden drehte, gilt als eine der schönsten Laufstrecken der Welt – setzen Sie sich auf seine Spur! (zw. 86th und 96th Sts.).

(3) Pirouetten für Prometheus Eine New Yorker Institution ist die Eislaufbahn im Rockefeller Center › **S. 132**, wo man unter den Augen der Prometheusstatue seine Bahnen zieht (Okt.–April tgl. 8.30–24 Uhr, ab 25 $, Schlittschuhmiete 12 $).

(4) Pop-up-Pool nennt sich ein Bad, das im Sommer im Brooklyn Bridge Park [f6] öffnet und den hitzegeplagten Städtern Erfrischung bietet – kühle Drinks am Sandstrand inklusive (Pier 2, 45-Minuten-Sessions tgl. 10–17 Uhr, Eintritt frei).

(5) Die Freiheitsstatue steht Kopf, während man in der Trapezschule am Hudson-Ufer [B10] kopfüber am Seil schwingt oder Trampolin springt – die an schönen Tagen im Freien trainierten Luftnummern sind weit weniger schwierig, als sie aussehen (Pier 40, www.trapeze school.com, Kurs ab 50 $).

(6) Eine Nacht im Museum – dieser Traum kann für Kinder im Museum of Natural History › **S. 152** wahr werden. Geschlafen wird nach einer spannenden Taschenlampenexkursion unter dem 30 m langen, ausgestopften Blauwal (Termine unter www.amnh.org, 145 $).

(7) Kahnpartie mit Skyscraper In ein Renoir-Gemälde könnte sich versetzt glauben, wer beim Loeb Boathouse › **S. 148** ein Ruderboot leiht und damit den Lake im Central Park erkundet – ragten im Hintergrund nicht Wolkenkratzer auf.

(8) Manhattans letzte Wildnis Im Inwood Hill Park › **S. 162** zeigt sich Manhattan noch wie vor Ankunft der Weißen. An umgestürzten Bäumen und Höhlen vorbeiwandernd, in denen schon Indianer Schutz suchten, vergisst man völlig, dass man in einer Großstadt unterwegs ist.

Impressionistisches Idyll vor Hochhauskulisse: The Lake im Central Park

9 Weltreise mit der U-Bahn Mit Linie 7 auf einer Hochbahntrasse über Queens ratternd, durchquert man sieben ethnische *neighbourhoods* – jede Haltestelle eröffnet eine neue Welt mit eigenen Gerüchen, Klängen und Spezialitäten (Start: Times Square, Endstation: Flushing–Main Street).

10 Schach im Park Der Washington Square Park › S. 112 ist Zentrum von Manhattans *chess district* – hier ist immer jemand auf der Suche nach einem Spielpartner. Bei Regen verlagert sich das Geschehen in umliegende Läden wie das Chess Forum (219 Thompson St.).

… probieren sollten

11 Ripple Doughnut Diese neue Kreation, zu der Doughnut-Plant-Besitzer Mark Isreal von seinem Rad inspiriert wurde, ist ein Donut in einem Donut in einem Donut – und jeder hat eine andere Geschmacksrichtung (220 W. 23rd St. [C9], Chelsea, www.doughnutplant.com).

12 Auf den Punkt gebraten kommen Steaks bei Peter Luger › S. 39 auf den Tisch. Ihr einzigartiges Aroma verdanken sie dem Dry-Aging, mehrwöchiger Trockenreifung des Rindfleischs am Knochen.

13 Das stadtbeste Eis verkauft die Brooklyn Ice Cream Factory › S. 96, die auf natürliche Zutaten setzt. Probieren Sie Peaches & Cream – der sahnige Geschmack wird nur noch vom Blick auf die Skyline getoppt.

14 Lieblingscocktail von Carrie & Co. und ein echter New-York-Klassiker ist der »Manhattan«, ein Aperitif aus Whisky, Wermut und Angostura Bitter. Besonders stilecht genießt man ihn in einer Rooftop-Bar, z. B. im 230 Fifth › S. 104.

15 Der wahre König unter den Burgern geht im schummrig beleuchteten Corner Bistro [C10] über den Tresen: Zuverlässig erzielt der stramme Halbpfünder bei allen einschlägigen Rankings Bestnoten (331 W. 4th St., West Village).

Erst wer einen Hot Dog an der Straßenecke verdrückt hat, war wirklich in New York

(19) Krisen-Snack Bei Gray's Papaya [B6] wirbt man seit den 1980ern mit dem »Recession Special«: zwei Hot Dogs und ein stimmungsaufhellender Papaya-Shake für schlappe 4,95 $ (2090 Broadway, Upper West Side, http://grayspapayanyc.com).

(20) Bagel & Lox Der von jüdischen Einwanderern aus Osteuropa mitgebrachte Hefekringel ist schon in der klassischen Kombi mit Frischkäse und Lachs ein Hit. Bei Black Seed Bagels [D10] kommen noch Dill, Avocado oder Kapern hinzu – yummie ... (170 Elizabeth St., Nolita).

(16) Waldorf-Salat Der Rohkostklassiker aus fein geraspelten Äpfeln, Sellerie und Nüssen wurde zur Eröffnung des legendären Waldorf-Astoria-Hotels › S. 140 kreiert und steht dort noch immer auf der Karte. Statt in Mayonnaise badet er nun zeitgeistig in Trüffelvinaigrette.

(17) Häppchen auf Rädern Zu den Sonntagsritualen vieler New Yorker gehört ein Dim-Sum-Brunch: Auf Servierwagen werden in Bambuskörbchen gedämpfte Snacks durchs Lokal geschoben. Frühlingsrollen, gefüllte Teigtaschen, Krabben- und Fleischklößchen ... bei Jing Fong [e2] ist die Auswahl am größten (20 Elizabeth St., Chinatown).

(18) Unwiderstehlich cremig ist der echte New York Cheesecake – bei Eileen's Special Cheesecake [D10] bekommt man den Glücklichmacher auch im Miniaturformat und mit leckeren Frostings wie Salted Caramel (17 Cleveland Pl., Nolita, www.eileenscheesecake.com).

... bestaunen sollten

(21) Millionaire's View Ein Kaffee im 35. Stock des Mandarin Oriental › S. 130 am Columbus Circle kostet zwar ein kleines Vermögen, man genießt dabei aber den privilegierten Blick auf den Central Park, der sonst Bewohnern der umliegenden Luxusapartments vorbehalten ist.

(22) Seilbahn-Intermezzo Man glaubt es kaum: Mitten in New York schweben rote Gondeln durch die Hochhausschluchten. Für den spektakulären Kurztrip mit der »Tram« › S. 142, bei dem der Weg das Ziel ist, genügt ein U-Bahn-Ticket.

(23) Law and Order live New York schläft niemals – gleiches gilt für die Justiz: Täglich von 17 bis 1 Uhr urteilt beim Night Court › S. 87 ein Haftrichter Dutzende armer Sünder im Schnellverfahren ab. Zusehen kann jeder, der sich am Eingang einer Waffenkontrolle unterzieht.

(24) Bücher meilenweise 18 Meilen Bücher, neue, gebrauchte und vergriffene, stapeln sich in den Regalen des Strand Book Store › **S. 113**. Im Rare Books Room kann man Originalausgaben bewundern und sich bei atmosphärischen Lesungen Neuerscheinungen signieren lassen.

(25) Grüne Oase auf Stelzen Wo früher Hochbahngleise verliefen, bietet heute der High Line Park › **S. 106** gestressten Großstädtern einen Rückzugsort im Grünen. Es gibt Bänke, Sonnenliegen auf Rädern und sogar ein Café mit Hudson-Blick.

(26) Big Apple in small Kronjuwel des Queens Museum ist ein für die Weltausstellung 1964 angefertigtes, riesiges New-York-Modell inklusive Hochbahngleisen und U-Bahn-Geräuschen (Mi–So 11–17 Uhr, www.queensmuseum.org).

(27) Kunststücke im Käfig »The Cage« heißt ein Basketball-Court im Village [C10], auf dem die besten Amateurspieler der Stadt spektakuläre Moves vorführen. Zaungäste sind potenzielle Scouts und somit gern gesehen (4th St. W./6th Ave.).

(28) Hip-Hop in der Kirche Gospel war gestern – junge Mitglieder der Greater Hood Memorial AME Zion Church in Harlem › **S. 159** rappen jeden Donnerstagabend bei der Hip-Hop-Messe für den Herrn.

(29) Mehr Vermeer geht nicht Das Met › **S. 148** besitzt fünf Vermeers – mehr als jedes andere Museum der Welt. Die »Junge Frau mit Wasserkrug am Fenster« macht deutlich, warum der Niederländer als »Magier des Lichts« gerühmt wird.

(30) Sterne als Dach 2599 Sterne zieren die Decke über der 40 m hohen Haupthalle der Grand Central Station › **S. 137**, 60 davon sind illuminiert und leuchten im Dunkeln. Die Sternbilder sind spiegelverkehrt – so wie Gott sie sieht, heißt es …

… mit nach Hause nehmen sollten

(31) King Kong in 2D Bei Philip Williams [c3] bekommt man Plakate von Filmklassikern, in denen New York die Hauptrolle spielt: King Kong, E-Mail für Dich, Taxi-Driver … (122 Chambers St., Tribeca).

(32) Tiffany-Preziosen Es muss nicht unbedingt ein Solitär sein – auch wer beim New Yorker Nobeljuwelier › **S. 136** nur einen silbernen Schlüsselring kauft, wird so zuvorkommend bedient wie Audrey Hepburn alias Holly Golightly.

(33) Bier aus Brooklyn Das Magazin »Esquire« wählte das Lager der Brooklyn Brewery [F9] wiederholt zum »best canned beer«. Ein, zwei Dosen, erworben nach einer Brauereitour, finden sicher noch Platz im Reisegepäck (79 N. 11th St., Brooklyn, www.brooklynbrewery.com).

(34) Vinyl aus dem Village Die Musikszene im Village hält CDs offenbar für eine Modeerscheinung – viele Läden verkaufen ausschließlich LPs. Vielleicht entdecken Sie beim Stöbern Simon & Garfunkel's Debütalbum »Wednesday Morning, 3 A.M.« mit der Liebeserklärung an die Bleecker Street (z. B. bei A1 Records [D9], 439 E. 6th St.).

(35) Fotos der nächtlichen Skyline geraten besonders spektakulär von der Brooklyn Heights Promenade aus. Wenn die Aufnahmen nicht nur gut, sondern perfekt werden sollen: Remember Forever bietet Nachtfotografie-Workshops im Brooklyn Bridge Park an (www.rememberforeverphotography.com, 3 Std. ab 95 $).

(36) Team-Spirit Wer keine Karten für ein Heimspiel ergattern konnte, den tröstet vielleicht eine Basecap der Yankees oder Mets, New Yorks rivalisierender Baseball-Mannschaften (Mets Clubhouse Store [C7], 11 W. 42nd St.; Yankees Clubhouse Store [C7], 245 W. 42nd St.).

(37) MoMA-Design für zu Hause Ausgefallene Wohnaccessoires und andere schöne Dinge aus der Museumssammlung bekommt man in großer Auswahl im MoMA Store › S. 135. Leicht transportabel sind Shahar Pelegs magnetische Vasen.

(38) Feuerwehr-Memorabilien Die FDNY Firefighters sind nicht erst seit 9/11 die Helden der Stadt. Eine Vielzahl von Souvenirs rund um die Lebensretter hält der Fire Store [C9] bereit – vom legendären Calendar of Heroes bis zur Christbaumkugel in Form eines Löschzugs (17 Greenwich Ave., www.nyfirestore.com).

(39) Süßes mit Botschaft Im M&M-Megastore am Times Square › S. 128 gibt es die bunten Schokolinsen nicht nur in ausgefallenen Geschmacksrichtungen wie Pretzel, man kann sie auch mit kurzen Textchen wie »I love you« bedrucken lassen.

(40) Socken im Dreierpack Socken neigen dazu, verloren zu gehen – Little Miss Matched [D7] verkauft sie daher im Dreierpack, wobei keine der anderen gleicht. Unter den originellen Designs gibt es auch viele New-York-Motive (107 E. 42nd St., http://littlemissmatched.com).

... bleiben lassen sollten

(41) Dem Jetlag nachgeben »Augen auf und durch«, lautet die Devise: Versuchen Sie, nach dem Transatlantikflug möglichst lange wach zu bleiben – so kommen Sie besser in den neuen Rhythmus.

(42) Ausweis im Hotel lassen Bars und Clubs verlangen nicht selten einen Altersnachweis, und auch bei manchen Sehenswürdigkeiten wird im Rahmen von Sicherheitskontrollen nach der »ID« gefragt.

(43) Central Park bei Nacht New York gilt inzwischen als sicheres Pflaster – fordern Sie Ihr Glück aber

Bei den New Yorker Taxis signalisiert die gelbe Farbe, dass der Fahrer eine Lizenz hat

besser nicht heraus. Abendliche Spaziergänge durch den Central Park sollten Sie vermeiden bzw. auf stark frequentierten Wegen bleiben.

(44) Freie Platzwahl Auch wenn ein Lokal leer ist, stürmt man es nicht nach wilder Germanenart. »Wait to be seated«, heißt der amerikanische Weg, bei dem *host* oder *hostess* den Gast nach seinen Wünschen fragen und ihm anschließend einen freien Tisch zuweisen.

(45) U-Bahn zur Rushhour In New York sind zwar über 6000 U-Bahn-Waggons im Einsatz, während der Rushhour reicht das aber bei Weitem nicht aus. Meiden Sie die Stoßzeiten – es sei denn, Sie trainieren gerade für einen Trip nach Tokio.

(46) Schwarzfahren im Taxi Vor vielen Hotels warten *gypsy cabs,* Taxis ohne Lizenz. Sie sind oft nicht versichert und verlangen überhöhte Preise. Offizielle Taxis erkennt man an der gelben Farbe und an der Plakette auf der Motorhaube.

(47) Knausern beim Tip Bedienungen sind auf ein großzügiges Trinkgeld › **S. 36** als Hauptbestandteil ihres Einkommens angewiesen – Sparsamkeit ist hier fehl am Platz.

(48) Im Weg stehen New Yorker sind immer in Eile – eilen Sie mit oder suchen Sie sich ein Plätzchen, wo Sie nicht stören. Stellen Sie sich nicht an einer Bestelltheke an, ohne zuvor Ihre Kaufentscheidung getroffen zu haben – Unentschlossenheit ist Sand im Großstadtgetriebe.

(49) Behörden fotografieren Wer vor Banken, Verwaltungsgebäuden und anderen sicherheitsrelevanten Einrichtungen die Kamera in Anschlag bringt, muss damit rechnen, von misstrauischen Sicherheitskräften angesprochen zu werden.

(50) Ortsnamen falsch betonen Nicht-New-Yorker erkennt man an der Art, wie sie Houston Street und Greenwich Village aussprechen – *Manhattanites* sagen »Hausten« und »Grennitsch«.

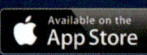

Was steckt dahinter?

Die kleinen Geheimnisse sind oftmals die spannendsten. Wir erzählen die Geschichten hinter den Kulissen und lüften für Sie den Vorhang.

Warum sind alle New Yorker Taxis gelb?

Die berühmte und unverwechselbare gelbe Farbe der Yellow Cabs geht auf einen gewissen Harry N. Allen zurück. Der gründete 1907, nachdem er sich über überzogene Fahrpreise geärgert hatte, ein eigenes Taxiunternehmen, das nachvollziehbar pro Meile abrechnete. Zunächst waren die Fahrzeuge rot-grün lackiert, dann aber entschied sich Allen für gelb – so waren die Motordroschken schon von Weitem gut erkennbar. 1967 schrieb die Stadtverwaltung die gelbe Farbe zwingend für alle offiziellen Taxis vor, um sie von nicht lizenzierten *gypsy cabs* unterscheidbar zu machen.

Wieso tragen die Avenues A, B, C und D Buchstaben als Namen?

Der Commissioners' Plan von 1811, der Manhattan mit einem Schachbrettmuster überzog, gilt heute zu Recht als Meisterwerk der Stadtplanung. Er sah von Süd nach Nord verlaufende Avenues und von West nach Ost verlaufende Streets vor, die aufsteigend nummeriert waren und einen fest definierten Abstand voneinander hatten. Das Konzept hatte aber seine Schwachstellen: Zum einen konnte die bereits bestehende Straßenführung in Downtown dem Raster nicht mehr unterworfen werden, und zum anderen hat die Insel Manhattan im Südosten einen »Bauch«: Weil die Zählung von Ost nach West erfolgt und man somit jenseits der First Avenue in den Minusbereich hätte gehen müssen, wurden die Avenues im East Village und in der Lower East Side mit den Buchstaben A, B, C und D versehen. Die New Yorker gaben diesem Gebiet den Namen »Alphabet City«.

Wie kam das Chrysler Building zu seiner bizarren Spitze?

In den 1920er-Jahren lieferten sich New Yorks Architekten einen erbitterten Kampf um die Errichtung des höchsten Gebäudes der Welt. Die Bank of Manhattan schien vorn zu liegen, als Chrysler-Architekt William Van Alen einen Trumpf nicht aus dem Ärmel, sondern aus dem Fahrstuhlschacht zog: Dort hatte er heimlich eine 56 m hohe Stahlspitze montieren lassen, für die die deutsche Firma Krupp die Einzelteile lieferte. Innerhalb von 90 Minuten wurde die Konstruktion mithilfe von Kränen ausgefahren und verankert. Man stelle sich die entsetzten Gesichter bei der Bank of Manhattan vor, als der Konkurrenz-Skyscraper quasi über Nacht auf 319 m wuchs. Heute macht diese funktionslose Dachbekrönung den besonderen Charme des vermutlich schönsten, sicher aber auffälligsten Wolkenkratzers der Stadt aus.

Luxus-Apartmenthaus San Remo mit Blick auf den Central Park – wer hier wohnt, hat es geschafft

REISE-PLANUNG & ADRESSEN

Die Stadtviertel im Überblick

Gibt es Menschen, die New York nicht mögen, ja, gar hassen? Anzunehmen. New York verkörpert Urbanität pur, und das liegt nicht jedem. Interessant ist, dass man von dieser Anti-New-York-Fraktion kaum etwas hört.

Hassliebe, ja. Die äußert sich in zahlreichen Filmen und Glossen, die empfindet wohl jeder Manhattanite, der sich täglich durch den Großstadtdschungel kämpfen muss. Aber immer überwiegt dabei das Gefühl, das in dem berühmten Logo mit dem Herz werbewirksam zum Ausdruck kommt: »I love New York«.

Würde sich wirklich einer zu Wort melden und sagen, er hasse diese Stadt, so käme er nicht weit. Ein vielstimmiger Chor erhöbe sich, und jedes Argument würde sofort entkräftet. Und das ist einfach, denn in New York gibt es nichts, was es nicht gibt, vom Besten und Schlechtesten, vom exorbitanten Luxus bis zu banaler Normalität, von himmelstürmender baulicher Großmannssucht bis zu kleinen Reihenhäuschen an baumbestandenen Straßen. Viertel, in denen bestimmte ethnische Gruppen unter sich sind, und solche, die ein buntes Völkergemisch belebt, Stadtteile, die nach Büroschluss ausgestorben liegen, und jene, in denen New York seinem Ruf als »the city that never sleeps« gerecht wird. Diese Stadt ist ein Makrokosmos, der aus unzähligen Mikrokosmen besteht, geprägt von Menschen aus aller Welt, die ihren Rhythmus zur Gesamtkomposition beitragen.

Unter den fünf Boroughs, aus denen Greater New York besteht, fungiert Manhattan als Dreh- und Angelpunkt. Auf der Insel zwischen Hudson und East River liegen die bekanntesten Museen, schießen die Wolkenkratzer in die Höhe, werden Trends gesetzt, Milliarden an der Börse gehandelt. Wall Street, Broadway, Times Square, Central Park, Empire State Building – alles, was man weltweit mit New York verbindet, ist geografisch Manhattan zuzuordnen.

Wer New York sagt, meint Manhattan, wer diese Stadt besucht, schafft es kaum, alles Sehenswerte auf der schmalen Insel gebührend zu würdigen. Für den Besuch anderer Stadtteile bleibt in der Regel keine Zeit, und darunter leidet vor allem **Brooklyn**, das ebenfalls Parks, Museen und eine lebendige Kunstszene bietet, aber neben der Diva Manhat-

New York hat viele Gesichter und ist dabei alles, nur nicht langweilig

tan verblasst. Von seiner schönsten Seite präsentiert sich der bevölkerungsreichste Stadtteil in Brooklyn Heights mit seinen denkmalgeschützten Brownstone-Häusern.

An der **Südspitze Manhattans,** wo einst Nieuw Amsterdam lag, konzentriert sich noch immer das politische und wirtschaftliche Leben. Die Zeit der großen Einwanderungswellen dokumentiert das einzigartige Immigration Museum auf Ellis Island, im Hafenbecken grüßt die Freiheitsstatue. Ein kleines Restchen von Little Italy erinnert daran, dass hier einst die Viertel der Neueinwanderer lagen. Noch immer floriert und expandiert das angrenzende Chinatown, eine fremde Welt für sich, die nicht nur kulinarische Überraschungen birgt.

Werktags hasten Banker und Broker durch das Finanzviertel um Wall Street, neben Kathedralen des Kommerzes behaupten kleine alte Kirchen Gottes Platz in der Welt des Geldes. Der South Street Seaport bietet Shop-

Daran gedacht?
....

Einfach abhaken und entspannt abreisen

- [ ] ESTA-Registrierung (bis 72 Std. vor Reiseantritt)
- [ ] Reisepass
- [ ] Flugtickets/Voucher
- [ ] Kreditkarte und Nummer der Service-Hotline
- [ ] Reisekrankenversicherung
- [ ] Ständig benötigte Medikamente bzw. Rezeptkopien
- [ ] Ladegeräte und -kabel für Handy, Tablet, Kamera etc.
- [ ] Adapter für US-Stecker
- [ ] Sitter für Haustiere und Pflanzen beauftragen
- [ ] Zeitungsabo umleiten bzw. abbestellen
- [ ] Leeren des Briefkastens organisieren
- [ ] Wasserhaupthahn abdrehen
- [ ] Fenster schließen

pingmöglichkeiten und diverse touristische Attraktionen in historischem Ambiente; fern aller Hektik kann man am Hudson-Ufer Rad fahren und flanieren. Oder in die Fähre nach Governors Island steigen: Die mitten im Hafen gelegene Insel, einst Militärbasis, hat sich zum beliebten Ausflugsziel der gestressten Großstädter mit grünen Parks und Fahrradwegen entwickelt.

Downtown war von den Anschlägen am 11. September 2001 besonders hart getroffen, doch zahlreiche Initiativen sorgten dafür, dass sich die Gegend unterhalb der 14th Street wieder belebte. Nach langen und zeitweise peinlichen Querelen um die Wiederbebauung des Ground Zero wurde im November 2014 das One World Trade Center eröffnet – vom ursprünglichen Entwurf Daniel Libeskinds ist nur die symbolische Höhe von 1776 Fuß geblieben, die an das Jahr der Unabhängigkeit erinnert.

Wohnlich, intim und fast europäisch muten die Viertel nördlich von Downtown an: die **Villages** – West Village, Greenwich Village, East Village –, Chelsea mit dem Meatpacking District, das ehemalige Künstlerviertel und Einkaufsparadies SoHo und LES (Lower East Side), das sich in den letzten Jahren zum alternativen Szeneviertel gemausert hat.

Anders als in Downtown oder Midtown versuchen die Gebäude hier nicht, die Wolken zu kratzen, sie halten Maß, gruppieren sich um hübsche Plätze, säumen baumbestandene Straßen. Der Besucher kann aufatmen, es gibt keine klassischen Sehenswürdigkeiten, die abzuhaken wären. Durch die Dörfer und Künstlerviertel flaniert man, kehrt ein, genießt Manhattan von seiner leichten, verspielten Seite und stürzt sich abends ins Nachtleben.

Dicht gedrängt wird das touristische Besichtigungsprogramm nördlich der 30th Street, wo **Midtown** beginnt, ein unendlich facettenreiches Viertel mit Wahrzeichen wie Empire State und Chrysler Building, architektonischen Highlights wie Rockefeller Center und Grand Central Station und Museen, u. a. dem berühmten MoMA. Hier wird die Fifth Avenue zu *der* Shoppingmeile, der Broadway zu *dem* Broadway: Rund um Times Square und 42nd Street ballen sich die Theater, in denen weltbekannte Musicalstars auftreten. Straßenschluchten, zigtausende Pendler, die von den Bahnhöfen zu ihren Arbeitsstätten eilen, Schübe gelber Taxis, gebündelt durch Ampelintervalle – das sind Bilder, die jeder mit New York assoziiert und Midtown ist der richtige Ort zu erleben, dass New York so grandios und faszinierend ist, wie man es sich immer vorgestellt hat.

Nördlich der 59th Street atmet Manhattan auf. Da wird es grün, Weite setzt den Kontrapunkt zur Enge von Midtown, Menschen räkeln sich in der Sonne, Wochenendväter spielen mit ihren Kindern Baseball, Selbstdarsteller setzen sich in Szene. Und trotz all der menschlichen Präsenz finden hier mitten in der Großstadt auch Tiere einen Lebensraum. Der Central Park wurde im 19. Jh. von Landschaftsarchitekten angelegt, er spielt jedoch so überzeugend Natur, dass man in Gefilden zu wandern meint, in denen schon die Ureinwohner auf Jagd gingen.

Am Times Square schlägt das Herz von New York

Der Park zwischen 5th Avenue und Central Park West bildet das Rückgrat von **Uptown,** beidseits der Grünanlage liegen Wohnviertel: die Upper East Side, traditionell das Refugium der Reichen und Superreichen, und die Upper West Side mit ihren prächtigen alten Apartmenthäusern. Die Upper East Side ist vornehm und etwas steril, der Westen dagegen profitiert von der Nähe zur Kunst: Das Lincoln Center for the Performing Arts beherbergt u. a. auch die Metropolitan Opera.

Musen und Museen locken nach Uptown: Im Westen liegt das American Museum of Natural History, die Fifth Avenue im Osten firmiert oberhalb der 70th Street als Museumsmeile. Unter Topadressen wie dem Guggenheim Museum, der Frick Collection oder der Neuen Galerie – sämtlich großzügige Stiftungen reicher New Yorker Bürger – bleibt das Metropolitan Museum of Art unübertroffen.

Jahrzehntelang war mit dem Besuch der Museen in Uptown das touristische Programm beendet, und es folgte die obligate Warnung, sich nicht über die 96th Street hinauszuwagen. Das ist heute zumindest im Westen anders, **Harlem** hat sich vom Slum zum sicheren Viertel gewandelt, wo man nicht nur Jazz in traditionellen Spielstätten hören und Gospelgottesdienste besuchen, sondern auch architektonische Schmuckstücke entdecken kann.

Klima & Reisezeit

250 bis 300 Sonnentage genießt New York im Jahr. Hochdruckgebiete sind beständig, schlechtes Wetter zieht meist schnell vorbei. Man hüte sich jedoch vor den Hochsommermonaten Juli und August.

Dann liegen die Temperaturen zwischen 30 und 39 °C, wegen der hohen Luftfeuchtigkeit ist es in den Straßenschluchten unangenehm schwül. Trotz der Hitze empfiehlt es sich, im Sommer eine leichte Jacke mitzunehmen: Tritt man in ein Gebäude, schlägt die Air Condition zu, und auf diesen Wechsel zwischen schwüler Hitze und (gefühlter) Eiseskälte reagiert so mancher Körper verschnupft.

Auch der Winter ist in New York keine reine Freude. Ein eisiger Wind weht um die Blocks. Schneefälle können so heftig sein, dass der Verkehr zusammenbricht. Ideale Temperaturen bieten die Monate Mai, Juni, September und Oktober.

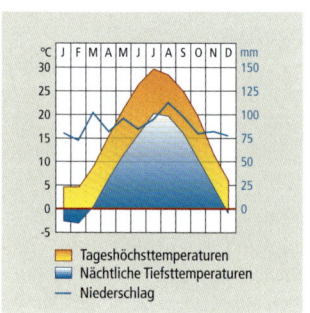

Anreise

Mit dem Flugzeug

Viele europäische und amerikanische Fluggesellschaften bieten von Europa Direktflüge nach New York an. Bei befristet gültigen Sondertarifen lassen sich bis zu 50 % vom Flugpreis sparen – dafür aber ist Umsteigen in Paris, London, Chicago oder anderswo zeitaufwendige Pflicht.

John F. Kennedy International Airport

Der Flughafen liegt im Stadtteil Queens. Um auf die 24 km entfernte Halbinsel Manhattan zu kommen, gibt es mehrere Möglichkeiten:

Der **AirTrain** verbindet die Terminals und stellt auch die Anbindung zur U-Bahn-Station Howard Beach, zur U-Bahn-Station Sutphin Boulevard und zur Bahnstation Jamaica her. Von letzterer fährt die Long Island Railroad direkt zur Penn Station. Im Flughafenbereich ist die Benutzung des AirTrain kostenlos; wenn man zur U-Bahn-Station kommt, muss man 5 $ bezahlen. Dazu erwirbt man eine Pay-Per-Ride MetroCard, mit der man dann auch die Weiterfahrt in der U-Bahn bezahlen kann. Mit viel Gepäck, nachts und bei völliger Unkenntnis des U-Bahnsystems ist dieser Weg allerdings nicht zu empfehlen. Vor allem Erstbesucher sollten auf die Pendelbusse von **Airlink New York** oder **SuperShuttle** (17–25 $) zurückgreifen, auch wenn sie teurer sind. Die Minibusse fahren von den Terminals etwa alle 30 Min. nach Manhattan und bringen Fahrgäste direkt zu den gewünschten Hotels. Der Fahrer startet allerdings erst dann, wenn sein Bus voll ist.

Am bequemsten erreicht man Manhattan per **Taxi**. Die Fahrt dauert je nach Verkehr 50–60 Min. und kostet pauschal 52 $ zuzüglich Gebühren für Brücken und Tunnels sowie 10–15 % Trinkgeld (ca. 10 $), in der Rushhour (werktags 16–20 Uhr) wird ein Zuschlag von 4,50 $ erhoben.

Newark International Airport

Der zweite internationale Flughafen liegt 26 km westlich von Manhattan in New Jersey. Der **AirTrain** stellt die Verbindung zur Newark Liberty International Station her (5,50 $). Von dort erreicht man mit dem Zug in 30 Min. bequem Penn Station in Manhattan (NJ Transit ca. 13 $, Amtrak ca. 35 $).

Der **Newark Airport Express** fährt zwischen 4.45 und 1 Uhr den Busbahnhof und die Grand Central Station in Manhattan an (16 $).

Busse von **Airlink** oder **SuperShuttle** stellen die Verbindung zu den Hotels in Manhattan her (20–23 $). Ein **Taxi** kostet je nach Verkehr 50–70 $ plus Gebühren für Brücken und Tunnels und Trinkgeld (ca. 10 $). Für Fahrten von New York *nach* Newark wird ein Zuschlag von 17,50 $ verlangt.

LaGuardia Airport

Hauptsächlich für Inlandsflüge genutzt wird der LaGuardia Airport, ca. 15 km östlich von Midtown Manhattan in Queens. Von hier verkehren Busse von **SuperShuttle** (ca. 20 $) nach Midtown, welche die Hotels direkt ansteuern. **Taxi** für etwa 30–40 $, plus Brücken- und Tunnelgebühren und Trinkgeld.

Infos über alle drei Flughäfen erhält man unter www.panynj.gov.

Stadtverkehr

Orientierungshilfen

Im Stadtplan von Manhattan kann man lesen wie in einem Geschichtsbuch: Dort, wo sich die verwinkelten Straßen konzentrieren, liegen die Anfänge der Millionenstadt; der Rest der Fläche – gekennzeichnet durch das Straßennetz im Schachbrettmuster – wurde erst im 19. und 20. Jh. bebaut. Die schachbrettartige Anlage hat Vorteile, die gerade im modernen Stadtverkehr sichtbar werden. Die Einbahnstraßenregelung ist klar und eindeutig, und man kann sich praktisch nicht verfahren, wenn man folgendes System verstanden hat:

Abgesehen von Lower Manhattan sind alle von West nach Ost verlaufenden Geraden mit »Street« bezeichnet und von Süden nach Norden durchnummeriert (1st, 2nd, 3rd Street usw.). Bei der Adressenangabe gibt ein »West« (W.) oder »East« (E.) nach der Hausnummer Auskunft darüber, ob das gesuchte Haus westlich oder östlich der Fifth Avenue liegt.

Die Avenues kreuzen die Straßen im rechten Winkel und verlaufen in Nord-Süd-Richtung. Auch sie sind durchnummeriert, von 1st bis 12th Avenue (beginnend im Osten). Eigene Namen tragen zusätzlich zu den Nummern York, Lexington, Park und Madison Avenues; die Sixth Avenue heißt offiziell Avenue of the Americas. Lediglich der Broadway bahnt sich seinen Weg diagonal über die Insel.

Es ist also leicht, sich in der Millionenstadt zu orientieren. Trotzdem sei davor gewarnt, sich in New York einen Wagen zu mieten. Die Chance, am Ziel der Fahrt einen Parkplatz zu finden, ist gleich Null, und zu den Stoßzeiten kommt man kaum vom Fleck.

U-Bahn (Subway)

Die Zeiten, in denen Verbrechen in der New Yorker U-Bahn die Schlagzeilen füllten, sind vorbei: Die Metro ist sicher geworden. Wenn man die Vorsichtsregeln beachtet, die für alle Großstädte gelten, dann kann man sich ruhig in New Yorks Untergrund begeben. Die Metro ist mit Abstand das schnellste Verkehrsmittel; man kommt nur schwer ohne sie aus. Außerdem ist eine Fahrt mit der Metro schon ein eigenes Sightseeing-Erlebnis: Die Tunnel, durch die man scheppernd rast, sind uralt und unendlich verzweigt. Und wer gerne seine Mitmenschen beobachtet, findet dazu wohl kaum einen besseren Ort als die Subway.

Eine Einzelfahrt kostet 2,75 $ und gilt so lange, bis man eine Sperrschranke passiert. Man kann also hin und zurück und kreuz und quer fahren – und das beliebig lang. Zugang zur U-Bahn verschafft die MetroCard. Es gibt sie als Pay-Per-Ride MetroCard, eine Prepaid-Karte, von der jede Fahrt einzeln abgebucht wird, oder mit der Option, für einen bestimmten Zeitraum beliebig oft die U-Bahn und den Bus zu benutzen (Unlimited Ride Metro Card): Die 7 Tage gültige Karte kos-

Die New Yorker U-Bahn dient vielen Musikern als Bühne

tet 30 $. Für das Ausstellen der MetroCard wird auch bei Einzelfahrten eine Gebühr von 1 $ erhoben. Die gebrauchte Fahrkarte kann dann aber beliebig oft ohne neue Gebühr wieder aufgeladen werden.

Unbedingt zu beachten ist die Fahrtrichtung des Zuges: *downtown* bedeutet (vom jeweiligen Standort aus) Fahrt Richtung Süden, *uptown* Richtung Norden. *Express trains* lassen bestimmte Stationen aus, *local trains* halten überall. Haltestellen von *express trains* sind auf Subway-Plänen mit einem schwarz umrandeten weißen Kreis, Haltestellen von *local trains* mit einem schwarzen Kreis gekennzeichnet. Unter jeder Haltestelle stehen die Nummern bzw. Buchstaben der Linien, die dort halten.

Feste Fahrpläne gibt es nicht, wegen der Taktdichte aber auch keine Wartezeiten. Zu den Stoßzeiten (7.30–9, 16.30–19 Uhr) ist das Bad in der Menge nicht zu empfehlen. Kostenlose Subway-Pläne erhält man dort, wo auch die MetroCard zu kaufen ist: an allen Stationen sowie bei Verkaufsstellen, die man unter http://tripplanner.mta.info/metrocardmerchants findet.

Autobusse

Busse stellen die Ost-West-Verbindung auf Manhattans wichtigsten Streets her, die Subway ist eher Nord-Süd-orientiert. Eine Einzelfahrt kostet 2,75 $ (Expressbus 3,25 $, Rushhour 6,50 $); man bezahlt auch hier mit der Metro-Card. Wer umsteigen will, verlangt vom Fahrer ein kostenloses *transfer ticket* – es gilt als Fahrschein für den nächsten Bus. Streckenpläne *(Manhattan Bus Maps)* gibt es an den Schaltern der Subway.

Auskünfte zur Subway und zu öffentlichen Autobussen bekommt man unter Tel. 511 (international Tel. 212-878-7000) oder www.mta.info.

Taxis

Sie sind gelb wie Kanarienvögel und werden angehalten, indem man am Straßenrand durch Handzeichen auf sich aufmerksam macht. Alternativ kann die Hotelrezeption ein Fahrzeug rufen. Alle lizenzierten (gelben) Taxis verfügen über Taxameter, die auch eine Quittung ausspucken. Ein Trinkgeld für den Fahrer in Höhe von 10–15 % des Rechnungsbetrages ist üblich. Bevor man sich entspannt in die Polster fallen lässt, sollte man sich vergewissern, dass der Fahrer auch wirklich verstanden hat, wohin man möchte – Taxifahrer mit Muttersprache Englisch haben in New York Seltenheitswert.

SEITENBLICK

Water Taxi

Taxi fahren, ohne im Stau zu stehen? **New York Water Taxi** macht's möglich. Das Unternehmen bietet Hop-on, Hop-off-Touren an – dabei kann man an 7 Anlegestellen nach Belieben ein- und aussteigen und Manhattan auf dem Wasserweg erkunden (Abfahrten 10–18.15 Uhr alle 45 Min., Tagespass 31 $, www.nywatertaxi.com).

Unterkunft

In New York sein Haupt zu betten, ist alles andere als preiswert. Schon für ein einfaches Doppelzimmer zahlt man ab 100 $, in Mittelklassehotels schlägt eine Übernachtung mit 150 bis 250 $ zu Buche.

Wer in einem Luxushotel absteigt, kann diesen Preis leicht verdreifachen – den Listenpreis, der in New York noch lange nicht der Endpreis ist. Denn auf den Zimmerpreis werden noch verschiedene Steuern aufgeschlagen, die sich zusammengerechnet auf 15 % und mehr belaufen › S. 176. Die Preise variieren allerdings je nach Auslastung und Saison. Unter www.nycgo.com kann man einigermaßen günstige Angebote finden.

Auch das Trinkgeld schlägt zu Buche: Der Kofferträger bekommt 1 $ pro Gepäckstück, das Zimmerpersonal 2 $ pro Nacht. Man sollte bedenken, dass die Angestellten, die diese Jobs ausführen, wegen der niedrigen Grundlöhne vor allem vom Trinkgeld der Gäste leben › S. 177.

Downtown

Bowery Hotel €€€ [D10]

Dass an der einst übel beleumundeten Bowery mal ein Luxushotel stehen würde, hätte vor ein paar Jahrzehnten noch niemand zu träumen gewagt. Die Lobby mit Lounge und trendiger Bar plüschig, die Zimmer hell und gemütlich. Hotelgäste können kostenlos Räder leihen.
• 335 Bowery/2nd St.
  NY 10003
  Tel. 212-505-9100
  www.theboweryhotel.com

Gansevoort Hotel €€€ [B9]

Genauso hip und stylish wie der angesagte Meatpacking District präsentiert sich auch das erste First-Class-Hotel des Bezirks. Minimalistisch eingerichtete Zimmer, **!** an den Wänden hängen Werke von New Yorker Künstlern.
• 18 9th Ave./W. 13th St.
  NY 10014
  Tel. 212-206-6700
  www.gansevoorthotelgroup.com

Hotel on Rivington €€€ [D10]

Designhotel im angesagten Viertel LES, nahe dem Museum of Contemporary Art. **!** Großzügige Zimmer mit Panoramaverglasung.
• 107 Rivington St. (zw. Essex/
  Ludlow Sts.)
  NY 10002
  Tel. 212-475-2600
  www.hotelonrivington.com

The Standard €€€ [B9]

Das architektonisch beeindruckende Designhotel ist unter, neben und über der High Line gebaut und verfügt über einen original deutschen Biergarten.
• 848 Washington/W. 13th Sts.
  NY 10014
  Tel. 212-645-4646
  www.standardhotels.com

Washington Square Hotel €€ [C9]

Aufgrund seiner Lage mitten im Village und des wirklich guten Angebots (sauber, freundlich, renoviert) sehr beliebt.

SPECIAL

Mit Kindern in der Stadt

New York ist durchaus eine Stadt, die man mit Kindern besuchen kann. Schließlich haben auch die Manhattanites Nachwuchs, der bei Laune gehalten werden will.

Museen

Der Hit ist natürlich das **American Museum of Natural History** mit seinen vielen Tierpräparaten und den riesigen Saurierhallen. Im **Children's Museum of Manhattan** kann man eine Reise durch den menschlichen Körper antreten oder in die Rolle eines Kameramanns schlüpfen.

- **American Museum of Natural History** › S. 152
- **Children's Museum of Manhattan** [B5]
  212 W. 83rd St. (zw. Broadway/ Amsterdam Ave.) | Uptown
  www.cmom.org
  Di–Fr und So 10–17, Sa 10–19 Uhr
  Erw. und Kinder 12 $
  Ⓢ 79th oder 86th St.

Outdoor

Der **Central Park** › S. 145 ist eine große Spielwiese für Kinder, es gibt Spielplätze und einen Zoo mit Streichelgehege, beim Loeb Boathouse kann man Boote mieten.

Auch die **Piers am Hudson River,** allen voran die Chelsea Piers › S. 105, bieten Spielplätze und viele Möglichkeiten für sportliche Aktivitäten.

Spielzeugparadiese

Im **LEGO Store** gibt es neben einer Riesenauswahl bunter Steine auch tolle LEGO-Skulpturen, darunter einen chinesischen Drachen, der sich durch den ganzen Laden windet. Die Herzen kleiner Puppenmütter lässt **American Girl Place** höher schlagen.

- **The LEGO Store** [C7]
  620 5th Avenue/50th St. | Midtown
  Ⓢ 47–50 Sts./Rockefeller Center
- **American Girl Place** [C7]
  609 Fifth Ave./49th St. | Midtown
  Ⓢ 47th–50th St./Rockefeller Center

- 103 Waverly Pl./MacDougal St.
  NY 10011
  Tel. 212-777-9515
  www.washingtonsquarehotel.com

City Rooms NYC SoHo € [D10]
Die Ohrstöpsel liegen nicht ohne Grund
auf dem Nachttisch, Lärmunempfindliche
machen bei den Zimmerpreisen aber ein
Schnäppchen. Tolle zentrale Lage.
- 120 Lafayette St.
  NY 10013
  Tel. 917-475-1285
  cityrooms.nyc

Larchmont Hotel € [C9]
Preiswert und in bester Village-Lage;
Toilette und Bad sind auf dem Flur, jede
Etage besitzt eine kleine Küche.
- 27 W. 11th St. (zw. Fifth/6th Aves.)
  NY 10011
  Tel. 212-989-9333
  www.larchmonthotel.com

SEITENBLICK

B & B – die Alternative
B & B ist eine eine sehr gute Möglich-
keit, Land und Leute kennenzulernen.
Zwar muss man häufig das Bad mit
dem Vermieter teilen, aber der Fami-
lienanschluss und die Tipps, die man
bekommt, sind diese Einschränkung
mehr als wert. In der Regel sind
B-&-B-Unterkünfte billiger als Mittel-
klassehotels, zumal die Steuern ent-
fallen, die man sonst zusätzlich zum
Listenpreis zahlt. B-&-B-Unterkünfte,
Apartments und Wohnungen vermittelt **New York Habitat,** Tel. 212-
255-8018, www.nyhabitat.com.
Die Firma beschäftigt auch einige
deutschsprachige Mitarbeiter.

The Jane € [B9]
Winzige, wie Kajüten eingerichtete Zimmer; in den Räumen zum West Side
Highway kann's laut werden – aber der
Preis und die Lage im Meatpacking District stimmen. Ideal für Nachtschwärmer,
die sowieso nicht viel Zeit im Bett verbringen.
- 113 Jane St./West Side Highway
  NY 10014
  Tel. 212-924-6700
  www.thejanenyc.com

Brooklyn
NU Hotel €€
Designhotel mit Ökotouch. Gute Ver-
kehrsanbindung, das Hotel liegt zwei
Blocks vom U-Bahnhof Hoyt-Schermer-
horn Streets entfernt.
- 85 Smith St./Atlantic Ave.
  NY 11201
  Tel. 718-852-8585
  http://nuhotelbrooklyn.com

Midtown
Four Seasons €€€ [C6]
Nicht nur die Lage nahe Fifth Avenue
und Central Park ist einmalig, sondern
auch der perfekte Service und der fan-
tastische Blick aus den Zimmern in den
oberen Etagen. ❗ Einige besitzen einen
Whirlpool und eine eigene Terrasse.
- 57 E. 57th/Park Ave.
  NY 10022
  Tel. 212-758-5700
  www.fourseasons.com/newyork

Gramercy Park Hotel €€€ [D9]
Der größte Trumpf dieses Hotels ist der
exklusive Zugang zum Gramercy Park.
Den bekommen sonst nur Anwohner der
Grünoase. Restaurant auf der Dachter-
rasse mit tollem Blick über die Stadt.

Städtische Oase in Midtown: der Dachgarten des Library Hotel

- 2 Lexington Ave. (zw. 21st /22nd Sts.)
  NY 10010
  Tel. 212-920-3300
  www.gramercyparkhotel.com

Library Hotel €€–€€€ [C7]
Die Benennung der Zimmer orientiert
sich an der in Bibliotheken üblichen
Dezimalkategorisierung, jedes besitzt
eine dem Zimmermotto entsprechende
Auswahl an Büchern und Kunstwerken.
- 299 Madison Ave./41st St.
  NY 10017
  Tel. 212-983-4500
  www.libraryhotel.com

The Muse Hotel €€–€€€ [C7]
Elegant designtes Boutiquehotel im
Herzen des Theater District; am späten
Nachmittag kostenlose Weinproben im
behaglichen Foyer.
- 130 W. 46th St. (zw. Broadway/
  6th Ave.)
  NY 10036
  Tel. 212-485-2400
  www.themusehotel.com

Ace Hotel €€ [C8]
Kultiges Hotel nahe dem Empire State
Building. In den Zimmern finden sich
viele Einrichtungselemente, die auf das
Thema Musik anspielen.
- 20 W. 29th St. (zw. Broadway/Fifth Ave.)
  NY 10001
  Tel. 212-679-2222
  www.acehotel.com/newyork

Algonquin €€ [C7]
In den 1920er-Jahren hatten Literaten
wie Dorothy Parker und Robert Benchley
hier ihren Stammtisch. 165 kleine, aber
hübsche Zimmer; gemütliche Lobby mit
Wohnzimmeratmosphäre.
- 59 W. 44th St. (zw. 5th/6th Aves.)
  NY 10036
  Tel. 212-840-6800
  www.algonquinhotel.com

Belvedere Hotel €€ [C7]
Umfassend renoviertes, freundliches Art-
déco-Hotel mit modern ausgestatteten,
großzügigen Zimmern. Für das, was geboten wird, preiswert.

- 319 W. 48th St. (Nähe 8th Ave.)
NY 10036
Tel. 212-245-7000
www.belvederehotelnyc.com

**Courtyard New York Manhattan/
Central Park** €€ [C7]
Das Hotel ist mit 230 m das höchste
der Stadt und verweist den bisherigen
Rekordhalter Four Seasons (208 m) auf
den zweiten Platz.
- 1717 Broadway
NY 10019
Tel. 212-324-3773
www.marriott.de

Herald Square Hotel €€ [C8]
Mittelklassehotel in prächtigem Beaux-
Arts-Gebäude. Zentrale Lage in Midtown,
gutes Preis-Leistungs-Verhältnis.
- 19 W. 31st St. (zw. Broadway/
Fifth Ave.)
NY 10001
Tel. 866-833-0988
www.heraldsquarehotel.com

Marcel €€ [D8]
Ausgefallenes Design – Mischung aus
Retro, skandinavischem Stil und futuris-
tischen Tönen – luxuriöses Flair, aber
preiswert.
- 201 E. 24th St./3rd Ave.
Tel. 212-696-3800
NY 10011
www.hotelmarcelnewyork.com

Mayfair Hotel €–€€ [C7]
Winzige Zimmer, aber angenehmes
Hotel, freundlicher Service, gute Lage im
Theater District.
- 242 W. 49th St. (zw. Broadway/
8th Ave.) | NY 10019
Tel. 800-556-2932
www.mayfairnewyork.com

**NYMA – The New York Manhattan
Hotel** €–€€ [C8]
Budgethotel in unmittelbarer Nähe des
Empire State Building. Saubere und
zweckmäßig eingerichtete Zimmer ohne
übertriebenen Luxus.

Eleganz und exklusive Wohnlichkeit: Suite im Hotel Four Seasons

• 6. W. 32nd St. (Nähe Fifth Ave.)
NY 10001
Tel. 212-643-7100
http://thenewyorkmanhattanhotel.com

Washington Jefferson Hotel €–€€ [C7]
Nettes Boutiquehotel in einer von Bäumen gesäumten Wohnstraße in Hell's Kitchen.
• 318 W. 51st St. (Nähe 8th Ave.)
NY 10019
Tel. 212-246-7550
www.wjhotel.com

Carlton Arms Hotel € [D8]
Originelles, von Avantgarde-Künstlern gestaltetes Haus. Kein Lift, keine Air Condition, einige Zimmer ohne Bad. Frühstück im Bagel-Shop vis-à-vis.
• 160 E. 25th St. (zw. 3rd/Lexington Aves.)
NY 10010
Tel. 212-679-0680
www.carltonarms.com

The Pod Hotel 51 € [D7]
Cool gestylte, preiswerte Zimmer mit iPod-Docking-Station und kostenfreiem WLAN. ⚠ Dachgarten, Outdoor-Café und Lounge in der Lobby.
• 230 E. 51st St. (Nähe 3rd Ave.)
NY 10022
Tel. 212-355-0300
www.thepodhotel.com

Uptown

Excelsior Hotel €€ [B5]
Elegantes Haus im europäischen Stil. Luxuriöses Ambiente – hier stimmen Preis und Leistung.
• 45 W. 81st St. (Nähe Central Park W.)
NY 10024
Tel. 212-362-9200
www.excelsiorhotelny.com

Rooftop des Hotel on Rivington

❗ Erst-klassig

Stylishe Designhotels
....

• **Gansevoort Hotel** › S. 30.
Originell gestalteter Dachgarten mit Szenebar und Pool, in den Unterwassermusik eingespielt wird.
• **Hotel on Rivington** › S. 30.
High Tech und Minimalismus im angesagten Viertel LES.
• **Four Seasons** › S. 32.
Meisterleistung des Stararchitekten I. M. Pei.
• **The Pod Hotel 51** € › S. 35.
Der Beweis dafür, dass gutes Design nicht immer teuer sein muss.
• **Royalton** €€–€€€ [C7]
Designhotel mit raumhohem Bronzekamin in der Lobby.
44 W. 44th St. (zw. 5th/6th Aves.)
NY 10036 | Tel. 212-869-4400
www.morganshotelgroup.com
• **Roxy Hotel Tribeca** €€–€€€
[C11] Allein schon der Edelstahlbäder wegen einen Besuch wert.
2 6th Ave. (Nähe White St.)
NY 10013 | Tel. 212-519-6600
www.roxyhotelnyc.com

The Lucerne €€ [B5]

Renoviertes altes Haus in der Upper West Side, ruhig und günstig. Dachterrasse mit schönem Blick. Beliebtes Café im Erdgeschoss.

- 201 W. 79th St./Amsterdam Ave.
  NY 10024
  Tel. 212-875-1000
  www.thelucernehotel.com

Hotel Belleclaire €–€€ [B5]

Moderne, renovierte Zimmer mit Holzfußböden, Fitnesscenter, kostenfreies WLAN, freundlicher Service, gutes Preis-Leistungs-Verhältnis.

- 250 W. 77th St./Broadway
  NY 10024
  Tel. 212-362-7700
  www.hotelbelleclaire.com

Essen & Trinken

Vergessen Sie alles, was Sie je über die amerikanische Küche gehört und in irgendwelchen Fast-Food-Restaurants erfahren haben – in New York schmeckt alles anders. Hier deckt die ganze Welt den Tisch.

Je nach Lust und Laune kann man brasilianisch, koreanisch, kubanisch, türkisch, russisch, jüdisch, chinesisch, vietnamesisch, mexikanisch essen, wunderbare Steaks und (gute!) Hamburger bekommen, frischeste Meeresfrüchte genießen, sündhaft teuer und exklusiv speisen oder aber für wenig Geld seinen Hunger stillen.

Die Möglichkeiten, in New York essen zu gehen, sind unbegrenzt – es gibt über 25 000 Restaurants, Lokale und Imbiss-Stuben in der Stadt! Als hilfreicher Führer durch den Dschungel der Gastronomie bietet sich **Zagat** an, ein jährlich aktualisiertes Buch, in dem Restaurants ausführlich beurteilt und nach ihrer Lage sowie den Spezialitäten, die sie bieten, klassifiziert werden (www.zagat.com).

Gastronomisches Grundwissen

Tischreservierungen sind immer sinnvoll und können inzwischen oft auch online getätigt werden, manchmal wird die Kreditkartennummer benötigt. Wo Reservierungen nicht möglich sind, wie z. B. in vielen Lokalen in Chinatown, muss man mit Wartezeiten rechnen.

Das Bedienungsgeld ist in der Regel nicht im Preis inbegriffen; für gute Bedienung stehen dem Kellner daher 15–18 % des Rechnungsbetrags als Trinkgeld zu. Es ist in New York recht einfach, die Summe auszurechnen: Man verdoppelt einfach den Betrag, der auf der Rechnung als *tax* (Steuer) ausgewiesen ist. Das Trinkgeld lässt man nach Begleichen der Rechnung auf dem Tisch liegen **50 Dinge (47) › S. 17. Achtung:** Anders als in Europa ist das Trinkgeld in den USA kein Zubrot. Es ist der Löwenanteil des Lohns, den Kellner für ihre Arbeit erhalten.

Wer die Wahl hat, hat die Qual!

Downtown

Gotham Grill & Bar €€€ [C9]

Gediegene Atmosphäre, hervorragende Küche: Nicht umsonst wird das Steakhouse Jahr für Jahr in den Restaurant-Bestenlisten ganz nach oben gewählt.
- 12 E. 12th St. (Nähe Union Square)
  Greenwich Village
  Tel. 212-620-4020
  www.gothambarandgrill.com

Italienisches Lebensgefühl in NYC: Eataly

Le Coucou €€€ [D10]

Chefkoch Daniel Rose hat zuvor in Paris gearbeitet – und dort wird man seine Kreationen sicherlich vermissen.
- 138 Lafayette St.
  SoHo
  Tel. 212-271-4252
  www.lecoucou.com

Babbo €€–€€€ [C9]

Italienische Küche, hervorragende Pastagerichte. Leider weiß der Besitzer um die Popularität seines Lokals und erhöht die Preise stetig.
- 110 Waverly Pl. (zw. 6th Ave./Mac-Dougal St.) | Greenwich Village
  Tel. 212-777-0303
  http://babbonyc.com

Indochine €€–€€€ [D9]

Französisch-vietnamesische Küche in neokolonialem Ambiente; die kunstvoll angerichteten Speisen sind schon optisch ein Genuss. Szeniges, kosmopolitisches Publikum.
- 430 Lafayette St. (Nähe Astor Place)
  East Village
  Tel. 212-505-5111
  www.indochinenyc.com

Philip Marie €€ [C9]

Salate, gute Sandwiches, ausgefallene Burger (z. B. mit Lachs), Pasta. **!** Netter West-Village-Treff mit Plätzen im Freien, die man aber reservieren sollte.
- 569 Hudson St./W. 11th St.
  West Village
  Tel. 212-242-6200
  www.philipmarie.com

Seabird €€ [C10]

Hochgefeierte Neueröffnung im West Village, deren Inhaber sich unverkennbar für Fisch und Meeresfrüchte begeistern. Das Ambiente ist eine Mischung aus Bistro und Beach Club.
- 361 6th Ave.
  West Village
  Tel. 212-414-9500

Sushi Samba €€ [C10]

! Mischung aus japanischem Restaurant und brasilianischer Churrascaria. Junges Publikum, südamerikanische Jazz- und Salsamusik, ausgelassene Stimmung.
- 87 7th Ave. S. (zw. Grove/Barrow Sts.)
  West Village
  Tel. 212-691-7885
  http://sushisamba.com

Im Odeon kommen raffinierte amerikanische Gerichte auf den Tisch

Eataly €–€€ [C8]

In der riesigen Markthalle kann man italienische Produkte kaufen und in kleinen Sitzbereichen bzw. an Theken genießen.
- 200 5th Ave./W.23rd St.
  Flatiron District
  www.eataly.com

La Churreria €–€€ [D10]

Die Betreiber – Spanier, ganz klar – servieren hier nicht nur köstliche Churros, sondern abends auch Tapas von Croquetas bis Calamares.
- 284 Mulberry St. (Nähe Houston St.)
  SoHo/Nolita
  Tel. 212-219-0400
  www.lachurrerianyc.com

The Odeon €–€€ [c2]

Restaurant im Bistrostil – elegant, aber nicht steif. Gute amerikanische Küche in Art-déco-Ambiente.
- 145 W. Broadway/Thomas St.
  TriBeCa
  Tel. 212-233-0507
  http://theodeonrestaurant.com

Bar Pitti € [C10]

Die gute italienische Küche – toll sind vor allem die Pastagerichte – und die fairen Preise machen lange Wartezeiten wett. Keine Kreditkarten.
- 268 Sixth Ave./Bleecker St.
  Greenwich Village
  Tel. 212-982-3300

Big Wong King € [d2]

Alteingesessenes Restaurant mit preiswerter kantonesischer Hausmannskost. Keine Kreditkarten.
- 67 Mott St. (zw. Canal/Bayard Sts.)
  Chinatown
  Tel. 212-964-0540
  http://bigwongking.com

Ferrara Bakery & Café € [d1]

Nach dem Essen in Chinatown wandern die New Yorker nach Little Italy zu Ferrara, dessen *dolci* legendär sind.
- 195 Grand St. (zw. Mulberry/Mott Sts.)
  Little Italy
  Tel. 212-226-6150
  www.ferraranyc.com

Moustache € [C10]

Ausgezeichnete nahöstliche Küche (frische Salate, Hummus, Baba Ganoush), gemütliches Ambiente. Keine Kreditkarten.

- 90 Bedford St. (zw. Grove/Barrow Sts.)
  West Village
  Tel. 212-229-2220
  http://moustachepitza.com

Brooklyn

Aska €€€ [F10]

Eine begeistert gefeierte Neueröffnung. Inhaber Frederick Berselius bringt den Gästen seine skandinavische Heimat kulinarisch nahe. Nur 24 Plätze, Reservierung daher zwingend erforderlich!

- 47 S. 5th St.
  Williamsburg/Brooklyn
  Tel. 718-337-6792
  www.askanyc.com

Peter Luger €€€ [F10]

Seit 1887 im Stadtteil Williamsburg; Topadresse für Liebhaber eines köstlichen Steaks erster Güte **50 Dinge** ⑫ › S. 13.

- 178 Broadway/Driggs Ave.
  Williamsburg/Brooklyn
  Tel. 718-387-7400
  www.peterluger.com

Midtown

Gramercy Tavern €€€ [C9]

Wer bei einer Taverne an ein schlichtes Lokal denkt, liegt hier falsch. Die meisterhafte Kochkunst von Mitbesitzer Michael Anthony brachte der Gramercy Tavern unzählige Auszeichnungen ein. Keine Reservierungen.

- 42 E. 20th St. (zw. Broadway/
  Park Ave. S.)
  Tel. 212-477-0777
  www.gramercytavern.com

Norma's €€€ [C7]

Wer den Tag mit einem kräftigen, köstlichen Frühstück beginnen will, ist hier richtig – aber nur bis 15 Uhr.

- 119 W. 56th St. (Nähe 6th Ave.)
  Parker Meridien Hotel
  Tel. 212-708-7460
  http://normasnyc.com

Quality Italian €€€ [C6]

Der Schwerpunkt der Karte liegt hier, klar, auf italienischen Spezialitäten und, schon überraschender, auf Steaks. Fleischerhaken, Waagen und andere Gerätschaften schaffen Metzgerei-Ambiente.

! Erstklassig

Outdoor Dining

....

- **Philip Marie** › S. 37.
  American-Style-Bistro mit Tischen auf der Hudson Street.
- **Sushi Samba** › S. 37.
  Ein Balkon mit Blick auf den abendlichen Trubel im West Village.
- **Pier-i Café € [B6]**
  Sommerlicher Hotspot mit Blick über den Hudson River.
  500 W. 70th St. (Riverside Park South) | Upper West Side
  Tel. 212-362-4450
  www.piericafe.com
- **La Marina**
  Karibik-Feeling in Manhattan: Der Hotspot im äußersten Norden der Insel verfügt sogar über einen kleinen Sandstrand.
  348 Dyckman St. | Inwood
  Tel. 212-567-6300
  www.lamarinanyc.com

Oyster Bar in der Grand Central Station

- 57th W. 57th St./6th Ave.
  Tel. 212-390-1111
  www.qualityitalian.com

Grand Central Oyster Bar €€ [C7]
1913 eröffnete Institution für Fisch und
Seafood › S. 138.
- Grand Central Station
  Tel. 212-490-6650
  www.oysterbarny.com

Hallo Berlin €€ [B7]
Die richtige Adresse bei Anflügen von
Heimweh. Spätzle, Kartoffelpuffer und
Würstchen in zig Variationen, die die
Namen deutscher Automarken tragen.
- 626 10th Ave. (zw. 44th/45th Sts.)
  Tel. 212-977-1944
  www.halloberlinrestaurant.com

Joe Allen €€ [C7]
Altmodischer Restaurant-Pub mit Bildern
von Broadway-Größen an den Wänden.
Gute Auswahl an Bieren, solide Pubküche.
Leckere Rippchen, unwiderstehlicher
Cheesecake.

- 326 W. 46th St. (zw. 8th/9th Aves.)
  Tel. 212-581-6464
  www.joeallenrestaurant.com

Five Guys €–€€ [C8]
Bei Five Guys wird der Hamburger nach
den Wünschen des Gastes zusammen-
gestellt und gebraten. Auf einer Kreide-
tafel stehen die aktuellen Lieferanten
der Kartoffeln für die Pommes.
- 343 7th Ave. (zw. 29th und 30th Sts.)
  Tel. 212-564-9804
  www.fiveguys.com

P. J. Clarke's €–€€ [D7]
Die traditionsreiche Bar zeigt sich auch
nach der Renovierung im alten Gewand,
die Burger sind so gut wie eh und je.
- 915 3rd Ave./E. 55th St.
  Tel. 212-317-1616
  www.pjclarkes.com

Amorino € [C7]
Nach oder gleich anstatt einer Mahlzeit:
Die Eiscreme-Kreationen suchen nicht
nur in New York ihresgleichen.
- 721 8th Ave./W. 45th St.
  Tel. 212-445-0101
  www.amorino.com

Hide-Chan Ramen € [D7]
Die exotischen Nudelsuppen-Kreationen
sind für New Yorker Verhältnisse durchaus erschwinglich.
- 248 E. 52nd St. (Nähe 2nd Ave.)
  Tel. 212-813-1800
  www.hidechanramen.nyc

Schnipper's Quality Kitchen € [C7]
Amerikanische Fastfood-Klassiker, frische Salate und hausgemachte Shakes
in hervorragender Qualität, serviert
nach der Devise »happy ist healthy«.

- 620 8th Ave./41st St. (weitere Filialen)
  Tel. 212-921-2400
  http://schnippers.com

Uptown

Café Boulud €€–€€€ [D5]

Gehobene Bistroküche – hier kann man die Kreationen des Starkochs Daniel Boulud genießen, ohne sich gleich finanziell zu ruinieren.

- 20 E. 76th St. (zw. 1st/York Aves.)
  Upper East Side
  Tel. 212-772-2600
  www.cafeboulud.com/nyc

Nick's Pizza €–€€ [D4]

Familienfreundliches, unkompliziertes Lokal mit guter Pizza und anderen italienischen Gerichten, für Upper-East-Side-Verhältnisse preiswert.

- 1814 2nd Ave. (zw. E. 93rd/E. 94th Sts.)
  Upper East Side
  Tel. 212-987-5700
  http://nicksnyc.com

Gabriela's Restaurant & Tequila Bar € [B4]

Authentische mexikanische Küche in große Portionen, unbedingt probieren: das Pollo Yucateco. Ausgezeichnete Guacamole, gute Margaritas.

- 688 Columbus Ave. (zw. W. 93rd/ W. 94th Sts.)
  Upper West Side
  Tel. 212-961-9600
  www.gabrielas.com

Good Enough to Eat € [B5]

Sehr beliebtes Brunch-Restaurant – am Wochenende lange Schlangen. Das Lokal hat nur 20 Tische, daher auch abends Wartezeiten. Gute traditionelle amerikanische Küche.

- 520 Columbus Ave./W. 85th St.
  Upper West Side
  Tel. 212-496-0163
  http://goodenoughtoeat.com

Harlem

Sylvia's Restaurant €–€€ [C2]

Ohne falsche Bescheidenheit nennt sich Sylvia Woods, die dieses Lokal 1962 gründete, die »Queen of Soulfood«. Für die Popularität, die das Restaurant genießt, ist die Preisgestaltung erstaunlich bodenständig.

- 328 Lenox Ave. (zw. 126th und 127th Sts.)
  Tel. 212-996-0660
  http://sylviasrestaurant.com

New Jersey

Chart House

Die Fahrt mit der Fähre nach New Jersey lohnt sich: Das Chart House bietet nicht nur gute amerikanische Küche zu vernünftigen Preisen, sondern auch einen fantastischen Blick auf die Skyline von Manhattan.

- Pier D-T/Lincoln Harbor
  Weehawken (NJ)
  Tel. 201-348-6628
  www.chart-house.com

SEITENBLICK

Gut zu wissen!

Nicht alle Restaurants besitzen eine Lizenz, die sie berechtigt, Alkohol auszuschenken. Kleinere, billigere Lokale werben daher oft mit dem Kürzel »BYOB«. Das heißt »bring your own bottle« und bedeutet, dass man sich Bier oder Wein im nächsten *liquor store* kauft und vom Wirt einen Korkenzieher und Gläser erhält.

Shopping

Manhattans Einkaufsmeilen sind die Avenues, an denen sich Geschäfte aller Art reihen. Vom Konsumrausch ausgenommen sind nur Central Park West, Fifth Avenue auf Parkhöhe und Park Avenue.

! Die exklusivsten Mode-, Juwelier- und Einrichtungsgeschäfte liegen an der **Madison Avenue** zwischen 57th und 79th Streets, an der **57th Street** zwischen Lexington und Sixth Avenues und an der **Fifth Avenue** im 50er-Block. Boutiquen mit avantgardistischer Mode, ausgefallene Geschenk- und Souvenirläden, gut sortierte Kindermode- und Spielwarengeschäfte gibt es in der **Columbus Avenue** und in der **Amsterdam Avenue** zwischen 66th und 84th Streets. Auch in den **Villages** und in **SoHo** beherrscht Ausgefallenes, Alternatives die Auslagen. **Chinatown** wiederum lockt mit einem großen Lebensmittelangebot und allem, was »Made in China« ist. Für günstige Einkaufstipps vgl. auch Special › S. 45.

Achtung: Kleidung und Schuhe mit einem Einzel-Warenwert unter 110 $ sind von der Verkaufssteuer in Höhe von 8,875 % befreit.

Kaufhäuser

Bloomingdale's [D6]
Das Lieblingskaufhaus der New Yorker
› S. 142.
• Lexington Ave./59th St.
  Midtown

Macy's [C8]
Das größte Kaufhaus der Welt kommt alljährlich in die Schlagzeilen wegen der großen Feiern, die es finanziert: Das Feuerwerk am 4. Juli und die Thanksgiving Day Parade (November) gehen auf »Macy's« Konto › S. 126.
• Herald Square | Midtown

Saks Fifth Avenue [C7]
Bei dem zehngeschossigen Department Store an der Fifth Avenue handelt es sich um den Flagshipstore der luxuriösen Kaufhauskette.
• 611 5th Ave. (Höhe W. 49th St.)
  Midtown

Bücher

Strand Book Store [C9]
In New Yorks größtem modernem Antiquariat findet man Bild- und Kunstbände zu guten Preisen **50 Dinge** ㉔ › S. 15.
• 828 Broadway/E. 12th St.
  Greenwich Village

Spielzeug

Kidding Around [C9]
Füllt die Lücke, die FAO Schwarz und Toys 'R' Us hinterlassen haben. Schönes Mitbringsel: die Staten Island Ferry in Holz. Drei Filialen.
• 60 W. 15th St. (Nähe 6th Ave.)
  Downtown
  www.kiddingaroundtoys.com

Elektronik

Best Buy [C7]
Das amerikanische Pendant zur europäischen »Ich-bin-doch-nicht-blöd«-Elektronikmarktkette.

Eines der führenden Kaufhäuser New Yorks: Bloomingdale's

- 529 5th Ave (zw. 43rd und 44th Sts.)
  Midtown

B & H Photo & Video [B8]
Preiswertes Foto- und Videozubehör in
unglaublicher Auswahl.
- 420 9th Ave. (zw. W. 33rd/34th Sts.)
  Midtown

Apple Store [C6]
Fast schon eher eine Kathedrale als ein
Geschäft. Der gigantische Apple Store
ist rund um die Uhr geöffnet. Kleinere
Filialen u. a. in Grand Central und SoHo.
- 767 5th Ave (zw. 58th/59th Sts.)
  Midtown

Schallplatten, CDs
In den **Villages** gibt es viele kleine
Plattenläden, in denen man beim
Stöbern auf längst verschollen Ge-
glaubtes stößt.
Generation Records [C10]
Günstige gebrauchte CDs und LPs.
- 210 Thompson St. (zw. Bleecker/
  W. 3rd Sts.) | Greenwich Village

In Living Stereo [D10]
In diesem Laden kann man auf der Jagd
nach gebrauchten und neuen Vinyl-
Schätzen leicht Stunden verbringen.
- 2 Great Jones St. (Broadway, Höhe
  W. 3rd St.)
  Greenwich Village

Wohndekor
Authentiques Past & Present [C9]
Liebhaberstücke aus dem Amerika der
1950er- und 1960er-Jahre, schon seit
Langem ein Geheimtipp bei Filmausstat-
tern. Große Auswahl an historischen
New-York-Postkarten.
- 255 W. 18th St. (Nähe 8th Ave.)
  Chelsea

Crate and Barrel [C10]
Die angebotenen Möbel werden wahr-
scheinlich nicht ins Reisegepäck passen,
dafür aber die Wohnaccessoires, die
dem eigenen Zuhause einen authentischen USA-Touch geben.
- 611 Broadway/W. Houston St.
  Greenwich Village

Domus [B7]

Stilvolles aus der ganzen Welt – von Schneidebrettern aus brasilianischem Tropenholz über handgewebte Kissen aus Peru bis zu finnischem Glas.

• 413 W. 44th St. (Nähe 9th Ave.)
  Hell's Kitchen

Mode, Accessoires, Kosmetik

Badichi Belts [C10]

Hier stehen Dutzende Leder in unterschiedlichen Farben und noch mehr Schnallen zur Auswahl, aus denen man sich seinen ganz persönlichen Gürtel maßschneidern lassen kann.

• 367 W. Broadway/Broome St.
  SoHo

Brooks Brothers [C7]

Eine New Yorker Institution, gegründet bereits 1818: klassische Qualität für Damen und Herren. Viele US-Präsidenten ließen sich hier ausstatten.

• 346 Madison Ave./E. 44th St.
  Midtown

DKNY [C10]

Die New Yorker Designerin legte mit vielseitig kombinierbaren Powerfrauen-Outfits den Grundstein ihrer weltweiten Karriere.

• 420 W. Broadway (zw. Spring/
  Prince Sts.)
  SoHo

Flight Club [D9]

Paradies für Sneakerfans: Ca. 1300 Paare, von ungetragenen Vintage- über Limited-Edition-Modelle bis zu den neuesten Must-haves, sind an der Wand des riesigen Stores zu Reihen angeordnet.

• 812 Broadway (zw. E. 11th/12th Sts.)
  Greenwich Village

The Gap [C7]

T-Shirts, Pullover und Freizeitsachen in guter Qualität.

• mehrere Filialen, z.B. 1466 Broadway,
  Midtown

In God We Trust [F9]

Anders, als es der Name vermuten lässt, vertrauen die Betreiber dieser Boutique beim Zusammenstellen des Sortiments ganz auf ihren guten Geschmack.

• 129 Bedford Ave. (zw. N. 9th/10th Sts.)
  Willamsburg/Brooklyn

J. J. Hat Center [C8]

New Yorks ältestes Hutgeschäft besteht seit mehr als 100 Jahren. Hier findet jeder Mann die richtige Kopfbedeckung.

• 310 Fifth Ave. (Ecke 32nd St.)
  Midtown

Kiehl's [D9]

Die Erfolgsgeschichte von Kiehl's begann 1851 in einer kleinen Apotheke im East Village, die heute als Flagshipstore des weltweit gefragten New Yorker Kosmetik-Labels dient.

• 109 3rd Ave. (zw. E. 13th/14th Sts.)
  East Village

Kirna Zabête [C10]

Mode und Accessoires etablierter und aufstrebender Designer – die Boutique wurde als »shrine for everything that is fun about fashion« beschrieben.

• 477 Broome St. (zw. Wooster/Greene
  Sts.) | SoHo

Victoria's Secret [C9]

Sündige Dessous und verführerische Nachtwäsche.

• mehrere Filialen, u.a. 115 Fifth Ave.
  Midtown

Günstig einkaufen

Kaufen! Haben! Man kann sich dem Sog einfach nicht entziehen in dieser Stadt, in der es alles gibt – und zudem alles im Überfluss. Wo Konsum derartige Blüten treibt, dass man Sportschuhen Tempel baut, in denen einzelne, der Fußbekleidung dienende Objekte hinter Glas zur Schau gestellt werden wie mittelalterliche Kleinodien im Museum. **Niketown** heißt die Kultstätte, und sie ist allein schon des Ambientes wegen sehenswert. Kaufen kann man dieselben Produkte Downtown sehr viel billiger: Die »Shoetown« der Schnäppchenjäger liegt am **Lower Broadway,** wo man neben günstigen Schuhgeschäften auch Jeans- und Billig-Designerläden findet. An der **Canal Street** reihen sich Läden, in denen man Importartikel und die angeblich besten Imitate der Stadt erwerben kann.

- **Niketown** [C6]
  6 E. 57th St./Fifth Ave.
  Midtown
  Ⓢ 59th St.
- **Lower Broadway** [C10/11]
  südlich und nördlich von Canal St.
  Ⓢ Canal St./Broadway
- **Canal Street** [C10/D11]
  Ⓢ Canal St./Broadway

Flohmärkte

Fanatische Flohmarktjäger gehen im April auf Pirsch, wenn die frische Ware kommt, die von im Winter ausgeräumten Speichern oder aus dem Süden der Vereinigten Staaten stammt, wo viele Händler die Wintermonate verbringen. Doch auch im übrigen Jahr gehört der Flohmarktbesuch für viele Manhattanites zum Wochenendprogramm.

Der **Chelsea Flea Market** führt fort, was The Annex vor über 40 Jahren begonnen hat. Die Eintrittsgebühr in Höhe von 1 $ ist gut investiert. Eine originelle Enklave im schicken SoHo ist die **SoHo Antiques Fair**. Am Sonntag wird ein Schulhof zum Trödelplatz mit viel liebenswertem Kleinkram: Auf dem **Green Flea Market** auf der Upper West Side geht angeblich sogar Woody Allen auf die Suche, wenn etwas in der Wohnung fehlt.

- **Chelsea Flea Market** [C8]
  W. 25th St. (zw. Broadway und 6th Ave.)
  Chelsea | Ⓢ 23rd St.
  Sa, So 6.30–18 Uhr
- **SoHo Antiques Fair** [d1]
  Broadway/Grand St. | SoHo
  Ⓢ Canal St.
  Sa, So 9–17 Uhr
- **GreenFlea Market** [B5]
  100 W. 77th St. (Nähe Columbus Ave.)
  Upper West Side
  Ⓢ 72nd St. | So 10–17.30 Uhr

Billig, billig

In Manhattan gibt es immer und überall »Sales«. Dann lassen die Geschäfte kollektiv (z. B. bei Schulbeginn) oder individuell (nach einem nicht durchschaubaren System) die Preise fallen.

Eine große Auswahl an reduzierter Designerkleidung und Accessoires aller Art bietet **Century 21**. Hier muss man sich Zeit nehmen und wühlen: Es lohnt sich.

Der Name führt ein wenig in die Irre: Die **Burlington Coat Factory** verkauft nicht nur Mäntel, sondern Kleidung aller Art zu Discountpreisen.

Dauerniedrigpreise für Kleidung, auch Designerware, bieten zudem etliche Secondhand-Läden, z. B.

What Goes Around Comes Around mit einer riesigen Auswahl richtig gut eingetragener Jeans und Lederwaren oder **Designer Revival** auf der vornehmen Upper East Side.

- **Century 21** [c4]
  22 Cortlandt St.
  Downtown
  Ⓢ Cortlandt St. (Nähe Broadway)
- **Burlington Coat Factory** [C8]
  707 6th Ave. (zw. 22nd und 23rd Sts.)
  Chelsea
  Ⓢ 23rd St.
- **What Goes Around Comes Around** [c1]
  351 W. Broadway (zw. Broome/Grand Sts.) | SoHo
  Ⓢ Canal St.
- **Designer Revival** [D5]
  324 E. 81st St. (Nähe 2nd Ave.)
  Upper East Side
  Ⓢ 77th St.

Outlet-Shopping in New Jersey

Raus aus der Stadt und rein in den Konsumrausch: Das Dorado für Schnäppchenjäger liegt in New Jersey. Jeweils über 200 Läden mit allen Labels, die Rang und Namen haben, bieten die **Woodbury Common Premium Outlets** und **The Mills at Jersey Gardens**. Beide Shoppingparadiese können vom Port Authority Bus Terminal in ca. 30 Min. erreicht werden.

- **Woodbury Common Premium Outlets**
  www.premiumoutlets.com
  Tgl. 9–21 Uhr
- **The Mills at Jersey Gardens**
  www.simon.com
  Mo–Sa 10–21, So 11–19 Uhr

Am Abend

In New York muss man sich vor Langeweile bestimmt nicht fürchten –
schon eher vor Freizeitstress. Die Fülle des Angebots ist schlichtweg überwältigend.

Open-Air-Konzerte im Central Park, Livejazz in Greenwich Village, Kino,
Musicals, Broadway-Theater, Off-Broadway, Off-Off-Broadway, Metropolitan Opera, Clubs und Discos … Um sich in diesem Überangebot zu-
rechtzufinden, braucht man als Erstes stets aktuelle Infos.

Empfehlenswert ist die Onlineausgabe der »New York Times«, die eine
Vorschau auf die Ereignisse der nächsten Tage enthält (www.nytimes.com/
events). Von den Wochenzeitungen, die über das Kulturprogramm der Stadt
informieren, seien erwähnt: das »New York Magazine« (http://nymag.com),
»The New Yorker« (www.newyorker.com) mit ausführlichem Infoteil über
die Jazz-Szene, »Time Out« (www.timeout.com/newyork) und »The Village
Voice« (www.villagevoice.com).

Theater

Die großen Broadway-Theater liegen in der Gegend um den Times
Square. Hier laufen u. a. die international bekannten, teuren Musical-
Produktionen. Kleine Theater, die
sich vom kommerziellen Theater-
betrieb distanzieren wollen und sich
daher Off-Broadway- oder gar Off-
Off-Broadway-Theater nennen, sind
vorwiegend in Midtown und
Greenwich Village zu finden.

Wer eine ganz bestimmte Show
sehen will, sollte sich die **Tickets** am
besten schon in Europa von einem
Reisebüro besorgen lassen. Oder
man bucht Karten übers Internet.
Über Broadway- und Off-Broadway-
Shows mit Links zu Ticket-Agentu-
ren informieren die Websites www.
broadway.org und www.playbill.
com, viele Shows lassen sich auch
über www.ticketmaster.com und
www.telecharge.com buchen.

In New York selbst gibt es verschiedene Möglichkeiten, an Karten
zu kommen: Wer in einem guten
Hotel wohnt und bereit ist, ein sat-
tes Trinkgeld zu geben, lässt sich
die Karten vom Personal besorgen.
Allen anderen bleibt nur der Weg an
die Theaterkasse.

Tickets zum stark ermäßigten Preis
für die Vorstellungen des jeweiligen
Tages erhält man bei den TKTS
Booths am Times Square (47th St./
Broadway), im South Street Seaport
(Front/John Sts.) und in Brooklyn
(MetroTech Center, Jay St./Myrtle
Ave.), probeweise wurde ein Pop-
Up-Schalter im Lincoln Center in-
stalliert. Limitierte Karten für Mati-
neevorstellungen sind bereits am
Vortag im South Street Seaport und
in Brooklyn sowie am Vorstellungs-
tag erhältlich. **Achtung:** Nicht für alle
Shows können die Tickets mit Kre-
ditkarte bezahlt werden!

Musik und Tanz

Das Angebot ist ebenso weit gefächert wie das der Theater: Oper, klassische Musik, Jazz, Pop, Blues, Country, klassisches Ballett, Tanz- und Musikwerkstätten … Man muss nur wissen, was man will – finden wird man es in New York bestimmt. Viele der Konzerte sind gratis, etwa die Sommerkonzerte im Central Park oder die Lunchkonzerte in den Foyers im Financial District und in Midtown.

Die beiden wichtigsten Konzerthallen New Yorks heißen **Carnegie Hall** und **David Geffen Hall**; letztere ist Teil des Lincoln Center for the Performing Arts › S. 151, in dem auch die **Metropolitan Opera** untergebracht ist **50 Dinge** ① › S. 12. Neben der Met gibt es noch eine zweite Oper, die **New York City Opera**, die sich mit dem **New York City Ballet** das David H. Koch Theater – ebenfalls Teil des Lincoln Center – teilt.

Carnegie Hall [C6/7]
- 881 7th Ave./W. 57th St. | Midtown
  Tel. 212-247-7800
  www.carnegiehall.org
  Ⓢ Columbus Circle

Lincoln Center for the Performing Arts [B6]
- 10 Lincoln Center Plaza | Uptown
  Tel. 212-875-5456
  Ⓢ Lincoln Center

David Geffen Hall [B6]
- Tel. 212-875-5656
  http://nyphil.org

Metropolitan Opera House [B6]
- Tel. 212-362-6000
  www.metoperafamily.org

David H. Koch Theater [B6]
- Tel. 212-496-0600
  http://davidhkochtheater.com

Viele aufstrebende Independent-Bands, aber auch unabhängige Altstars wie Patti Smith oder Joan Baez treten im **Bowery Ballroom** auf, ei-

SEITENBLICK

Die Geburt der Metropolitan Opera

Mitte des 19. Jhs. ereignete sich in New York eine höchst skandalöse Geschichte: Mrs. William H. Vanderbilt, eine Dame der Geldaristokratie und Gattin eines immerhin 94 Mio. Dollar schweren Mannes, konnte in der Oper trotz intensiver Bemühungen und Einsatz entsprechender Geldmittel keinen gebührenden Logenplatz erwerben! Der Grund: Der Musentempel war fest in der Hand der alteingesessenen New Yorker. Und die wollten mit Parvenüs wie den Astors, den Vanderbilts und anderen Geldaristokraten nichts zu tun haben.

Die Empörung der Verschmähten währte nicht lange. Flugs taten sich 65 Millionäre zusammen, machten 1,5 Mio. Dollar locker und bauten sich ihr eigenes Opernhaus, mit 122 Logen, genug für alle Astors, Morgans, Rockefellers und Vanderbilts zusammen … Es stand Ecke Broadway/40th Street, wurde 1883 eröffnet und hieß: Metropolitan Opera House. Erst 1966 schloss das gefeierte Haus mit einer nostalgischen Abschiedsgala seine Pforten, die Oper wurde aber im gleichen Jahr im Lincoln Center › S. 145 wieder eröffnet.

Für die einen Touristenfalle, für die anderen Herz und Seele New Yorks: der Times Square

nem riesigen Konzertsaal mit fantastischer Akustik in einem früheren Einkaufszentrum.

Bowery Ball Room [e1]
• 6 Delancey St. (zw. Bowery/Chrystie St.)
  Lower East Side
  Tel. 212-533-2111
  www.boweryballroom.com
  Ⓢ Bowery

Konzertkarten besorgt man sich auf dem selben Weg wie Theaterkarten › S. 47.

Die Bühne des Modern Dance ist das **City Center Theater.** Hier sind so bekannte Truppen wie Alvin Ailey American Dance Theater oder Martha Graham Dance Company zu sehen. Das Dance Theatre of Harlem tritt in der **Aaron Davis Hall** auf. Experimentelles Tanztheater zeigen das **Danspace Project** in der Kirche St. Marks in the Bowery und **New York Live Arts.**

City Center Theater [C7]
• 130 W. 56th St. (zw. 6th/7th Aves.)
  Midtown
  Tel. 212-581-1212
  www.nycitycenter.org
  Ⓢ 7th Ave.

Aaron Davis Hall [B2]
• 138 Convent Ave./W. 135th St. | Harlem
  Tel. 212-650-6900
  http://adhatccny.org
  Ⓢ 137th St.

Danspace Project [D9]
• 131 E. 10th St. (zw. 2nd/3rd Aves.)
  East Village
  Tel. 212-674-8112
  www.danspaceproject.org
  Ⓢ Astor Place

New York Live Arts [C9]
• 219 W. 19th St. (zw. 7th/8th Aves.)
  Chelsea
  Tel. 212-691-6500
  www.newyorklivearts.org
  Ⓢ 18th St.

Auftritt der Blue Man Group

Jazzclubs

Jazz at Lincoln Center [C6]

Drei eigens für Jazz konzipierte Räume mit exzellenter Akustik im Time Warner Center. Durch die Glasfenster im Bühnenhintergrund blickt man auf die Skyline von Manhattan › S. 62, 130.

- Tel. 212-258-9800
  www.jazz.org

SEITENBLICK

Blue Man Group

Die Show, die die dreiköpfige Blue Man Group seit 25 Jahren beinahe täglich in New York abzieht, ist einfach unbeschreiblich – eine Kombination aus Musik, Comedy, Multimedia-Installation und künstlerischer Anarchie. Besonderen Reiz erhält die Angelegenheit dadurch, dass bei manchen Vorstellungen die Original-Blauköpfe dabei sind.

- Astor Place Theater [D9]
  434 Lafayette St. | East Village
  Tel. 800-258-3626
  www.blueman.com

Apollo Theater [C2]

Bei der regelmäßig veranstalteten Amateurnacht hatten schon ganz Große, u. a. James Brown und Dionne Warwick, ihr Debüt › S. 157.

- 253 W. 125th St. (zw. F. Douglass/ Adam Clayton Powell Jr. Blvds.)
  Harlem | Tel. 212-531-5300
  www.apollotheater.org

Blue Note [C10]

Viele Touristen, internationale Stars, zwei bis drei Shows pro Abend.

- 131 W. 3rd St. (zw. 6th Ave./ MacDougal St.) | Greenwich Village
  Tel. 212-475-8592
  www.bluenotejazz.com/newyork

Minton's Playhouse [C3]

Die Geburtsstätte des Bebop, 2013 als Restaurant mit Lounge neu eröffnet.

- 206 W. 118th St. (Nähe Adam Clayton Powell Jr. Blvd.) | Harlem
  Tel. 212-243-2222
  www.mintonsharlem.com

Village Vanguard [C9]

❗ In dem legendären Club traten schon alle Jazz-Ikonen auf.

- 178 7th Ave. S./Perry St. | West Village
  Tel. 212-255-4037
  www.villagevanguard.com

Kino

In New York haben die meisten großen Hollywood-Streifen Premiere; hier entscheidet das Urteil des Publikums und der Kritiker über Erfolg oder Misserfolg eines Films. Die Uraufführungskinos liegen v. a. in der Upper East Side und rund um den Times Square. Ein Kinoerlebnis besonderer Art bieten die **AMC Loews**

Theaters **Lincoln Square** am Broadway, Höhe 68th Street in Uptown. Der Komplex beherbergt ein Dutzend Kinos, deren Ausstattung an historische Lichtspieltheater erinnert, sowie ein 3-D-IMAX-Theater.

Um ohne vorherige Reservierung eine **Kinokarte** zu ergattern, sollte man spätestens 1 Std. vor Filmbeginn vor Ort sein; online bestellt man z. B. unter www.movietickets. com oder www.fandango.com vor. Programme enthalten die Zeitschriften »The New Yorker«, »New York Magazine« oder »Time Out«.

Nachtleben

Kneipen mit Livemusik findet man in **Greenwich Village** (um Bleecker Street), im **West Village** (Christopher Street) und im **East Village** (um St. Mark's Place).

Die Clubbing-Szene hat sich in den vergangenen Jahren von **Chelsea** › S. 104 nach **LES** › S. 118 verlagert, das Viertel, das angesagt ist bei den Jungen, die den Main Stream eher ablehnen. Die Schönen, Reichen und Berühmten treffen sich im **Meatpacking District** › S. 106.

Discos und Clubs
Cafe Wha? [C10]
Kellerlokal mit intimer Atmosphäre, hauseigene Live-Band.
- 115 MacDougal St./Minetta Lane
  Greenwich Village

BlkMarket Membership
Jeden Samstag mit Szenevolk die ganze Nacht durchfeiern. Wo? Das erfährt, wer sich unter www.facebook.com/blkmarket per E-Mail anmeldet (RSVP).

40/40 Club [C8]
Cooler Club, der dem Rapper Jay-Z gehört; bis 4 Uhr morgens geöffnet.
- 6 W. 25th St./5th Ave.
  Chelsea

Shake, Rattle & Roll Dueling Pianos
Jeden Samstag ab 22 Uhr sind die »lebenden Musikboxen« in der Stadt und liefern an wechselnden Orten ihre mitreißende Show ab. Für ein Trinkgeld von mindestens fünf Dollar spielen sie jeden, aber auch jeden Musikwunsch. Zuhören und mitsingen ist, vom Eintritt abgesehen, gratis. Ohne frühzeitige Vorbestellung geht allerdings gar nichts.
- Tel. 917-921-4128
  www.shakerattlerollpianos.com

Webster Hall [D9]
New Yorks größter und ältester Nachtclub ist in unterschiedliche Bereiche aufgeteilt, die jeden Musikgeschmack bedienen. In der Halle mit den imposanten Kronleuchtern herrscht eine tolle Atmosphäre.
- 125 E. 11th St./3rd Ave.
  East Village

Bars
Apotheke [e2]
Hochgelobte Bar, die in einer ehemaligen Opium-Höhle untergebracht sein soll – woran das Design bis heute erinnert.
- 9 Doyers St. (liegt etwas versteckt, nach der Werbung für das Gold Flower Restaurant Ausschau halten)
  Chinatown

McSorley's Old Ale House [D9]
Altmodische, bereits 1854 gegründete Bar mit Sägemehl auf dem Boden.
- 15 E. 7th St. (Nähe 3rd Ave.)
  East Village

Meisterwerk der Brückenbaukunst mit atemberaubendem Blick auf die Skyline Manhattans: die Brooklyn Bridge

LAND &
LEUTE

Steckbrief

- **Fläche:** Gesamtfläche 789 km², davon Manhattan 59 km²
- **Stadtbezirke:** New York ist verwaltungsmäßig in fünf Stadtbezirke unterteilt, die Boroughs: Manhattan, Brooklyn, The Bronx, Queens und Staten Island.
- **Bevölkerung:** 8,4 Mio. (Manhattan 1,6 Mio., Brooklyn 2,6 Mio., Queens 2,3 Mio., The Bronx 1,5 Mio., Staten Island 470 000).
- **Ethnische Gruppen:** 44 % Weiße, 28 % Hispanics, 25 % Schwarze, 12 % Asiaten

- **Landesvorwahl:** 001
- **Zeitzone:** In New York gilt die Eastern Standard Time (MEZ – 6 Std.).
- **Währung:** US-Dollar

Lage

New York liegt im Mündungsgebiet des Hudson River. Der East River, der Manhattan im Osten begrenzt, ist kein eigentlicher Fluss, sondern eine Verbindung zwischen dem Long Island Sound und der Upper New York Bay.

New York befindet sich auf der Höhe von Neapel, also auf knapp 41 ° nördlicher Breite und 74 ° westlicher Länge. Von den fünf *boroughs* liegt nur die Bronx auf dem Festland; Manhattan und Staten Island sind Inseln, Brooklyn und Queens nehmen die Westspitze von Long Island ein. Manhattan, der kleinste, aber am dichtesten besiedelte Stadtteil, ist 21,5 km lang und zwischen 1,3 und 3,7 km breit. Manhattan steht auf Felsgrund, was die Errichtung auch höherer Bauwerke ermöglicht.

Umwelt

New York sollte »grün« werden, das war ein Kernziel der Politik von Bürgermeister Bloomberg (2002–2013). Vor allem die lange vernachlässigte Küste rückte ins Visier: 2011 stellte Bloomberg »Vision 2020« vor, eine Agenda, die binnen zehn Jahren eine umfassende Umgestaltung der Uferlinie vorsieht. Entlang der Waterfront entstehen seither Uferpromenaden und (erschwingliche) Wohnanlagen, beträchtliche Gelder fließen auch in die Sanierung des Abwassersystems. Fährverbindungen zwischen den *boroughs* zielen darauf ab, den Autoverkehr zu reduzieren.

Die New Yorker waren stets weniger autovernarrt als ihre Landsleute, doch die Transformation immer weiterer Teile der Stadt in fußgänger- und radfahrerfreundliche Bereiche lässt nicht nur die Besucher aus L. A. oder Chicago staunen. Von der Verkehrsberuhigung ist nicht einmal der quirlige Times Square ausgenommen.

Bürgermeister de Blasio setzt Bloombergs Politik fort und kündigte 2016 ein Projekt an, das sämtliche durch New Yorker Gebäude anfallenden Treibhausgas-Emissionen bis 2050 um 80 % reduzieren soll.

Wirtschaft

New York nimmt weltweit nach London und vor Hongkong Rang zwei als Finanzplatz ein. Neben den Großbanken haben viele internationale Konzerne hier ihren Sitz. Die Börse firmiert als weltweit größte. Die Stadt ist ein bedeutender Medienstandort und setzt Trends in Mode und Werbung. Weitere starke Branchen sind der Tourismus und der Dienstleistungsbereich.

Nach der Wirtschaftskrise von 2008 hat sich New York scheinbar wieder erholt: Downtown – von 9/11 und der Finanzkrise besonders betroffen – boomt, die Immobilienpreise haben wieder schwindelerregende Höhen erreicht.

Politik

In den 1960er-Jahren prägte Bürgermeister John Lindsay das Wort von der Unregierbarkeit New Yorks: chronische Geldnot, Korruption, eine marode Infrastruktur, die allerorts nach Investitionen schreit – wer kann dagegen schon anregieren?

1997 trat ein Mann seine zweite Amtsperiode an, der diese Probleme scheinbar in den Griff bekommen hat: Rudolph Giuliani. Unter seiner Ägide wandelte sich New York vom Schmuddelkind zum Einserschüler der Nation. Die Stadt profitierte vom Börsenboom, und Giuliani investierte kräftig: Er stockte die Polizei auf, die in seinem Sinn und häufig recht brutal gegen Obdachlose und Kleinstkriminelle vorging.

Giulianis Politik war höchst umstritten. Erst mit den Anschlägen vom 11. September 2001, in deren Folge sich Giuliani als fähiger und umsichtiger Katastrophenmanager erwies, stieg der Bürgermeister zum Helden auf. Seine Wiederwahl stand nicht zur Debatte, da ein Gesetz die Amtszeit auf zwei Legislaturperioden begrenzte.

Aber die New Yorker folgten seinem Rat und wählten den unbekannten Michael Bloomberg, der Lindsay endgültig Lügen strafte: Er regierte die Stadt wie eine Firma, die ein Produkt zu verkaufen hat. Seine Wahlkämpfe finanzierte der Multimilliardär selbst, er war unabhängig von Sponsoren. In Sachen Sicherheit und Ökologie hat Bloomberg einige Erfolge vorzuweisen, trotzdem wurde er 2009 nur mit knapper Mehrheit wiedergewählt. Zuvor hatte er den Stadtrat dazu gebracht, die Beschränkung auf zwei Amtszeiten aufzuheben, wegen der Finanzkrise, wie er argumentierte. Für eine vierte Amtszeit trat Bloomberg dann 2013 aber doch nicht mehr an. Den Posten eroberte sich in einem Erdrutschsieg der Demokrat Bill de Blasio.

Geschichte im Überblick

1524 Giovanni da Verrazano segelt in die Upper New York Bay.

1624 Wallonen siedeln an der Südspitze von »Mannahatta«.

1626 Peter Minuit, Gouverneur der Siedlung Nieuw Amsterdam, kauft den Indianern Manhattan mit Glasperlen und ähnlichem Tand im Wert von ca. 24 $ ab.

1664 Gouverneur Peter Stuyvesant muss die Stadt kampflos den Engländern übergeben. Aus Nieuw Amsterdam wird New York.

1776 Die Kolonien erklären ihre Unabhängigkeit von Großbritannien. Britische Truppen besetzen New York bis 1783. Im gleichen Jahr zerstört ein Feuer große Teile der Stadt.

1785 New York wird Hauptstadt der neu gegründeten Vereinigten Staaten von Amerika, behält diesen Status aber nur fünf Jahre.

1792 Gründung der Börse unter einer Platane in der Wall Street.

1811 Eine wichtige Entscheidung für das Stadtbild fällt: Straßen sollen künftig im Schachbrettmuster angelegt werden.

1825 Durch den Bau des Erie-Kanals gewinnt New York enorm an wirtschaftlicher Stärke.

1848/49 Nach der gescheiterten Revolution in Deutschland kommen viele politische Flüchtlinge nach New York.

1858 Calvert Vaux und Frederick Law Olmsted legen Pläne zur Anlage des Central Park vor.

1880 Das Metropolitan Museum of Art wird eröffnet.

1883 Einweihung der Brooklyn Bridge, damals die längste Hängebrücke der Welt. Die Metropolitan Opera gibt ihre erste Vorstellung.

1886 Die Freiheitsstatue, ein Geschenk Frankreichs, wird eingeweiht.

1892 Ellis Island, eine kleine Insel im New Yorker Hafen, wird zur Aufnahmestelle für Einwanderer.

1898 Manhattan, Brooklyn, Bronx, Staten Island und Queens schließen sich zu Greater New York zusammen.

1919–1932 Prohibition: Herstellung, Transport, Verkauf und Import alkoholischer Getränke werden bundesweit verboten. Überall in der Stadt entstehen daraufhin sogenannte *speakeasies*, illegale Kneipen.

1929 In der Wall Street kommt es am »Schwarzen Freitag« zum Börsenkrach. Eine wirtschaftliche Talfahrt in den USA und weltweit beginnt.

1931 Trotz der Depression wird das Empire State Building gebaut.

1933–1945 Während der Diktatur der Nationalsozialisten in Deutschland suchen viele ethnisch oder politisch Verfolgte in New York Zuflucht.

1943 In Harlem, das in den 1920er-Jahren zum Getto der Schwarzen wurde, brechen Rassenunruhen aus.

1946 New York wird Sitz der 1945 gegründeten Vereinten Nationen (UNO).

1959 Das von Frank Lloyd Wright entworfene Guggenheim Museum öffnet seine Tore.

1970 New York verliert an Anziehungskraft. Immer mehr Bürger und Firmen verlassen die Stadt.

1975 Die chronischen Finanzprobleme der Stadt erreichen einen Höhepunkt.

1980 John Lennon wird vor dem Dakota Building erschossen.

1991 Die Ergebnisse der Volkszählung von 1990 machen einen neuen Trend deutlich: Zum ersten Mal in der Geschichte der Stadt stellen die weißen New Yorker nicht mehr die absolute Mehrheit.

2001 Am 11. September werden die beiden Türme des World Trade Center bei einem Terrorakt zerstört. Über 3000 Menschen kommen ums Leben.

2008 Die Banken- und Finanzkrise erschüttert das wirtschaftliche Fundament der Stadt.

2009 Nach einer Gesetzesänderung wird Michael Bloomberg zum dritten Mal als Bürgermeister von New York gewählt.

2011 Protest gegen Banken und Kapitalismus: »Occupy Wall Street« besetzt über zwei Monate lang den Zuccotti Park im Finanzviertel.

2012 Hurrican Sandy fordert an der US-Ostküste und besonders in New York mehr als 100 Menschenleben und verursacht Schäden in Milliardenhöhe.

2013 Mit dem Aufsetzen der Spitze auf das 541 m hohe One World Trade Center hat New York wieder den höchsten Wolkenkratzer der Vereinigten Staaten.

2014 Mehr als zwölf Jahre nach den Anschlägen vom 11. September 2001 eröffnet das 9/11 Museum am Ground Zero.

2016 Die von Santiago Calatrava geplante World Trade Center PATH Station eröffnet am Ground Zero.

Die Menschen

Amerika war stets ein Land, das Einwanderer willkommen hieß. Aber längst nicht alle: Man wollte Weiße, und am liebsten nur solche, die nicht jüdisch und nicht katholisch waren. Entsprechend war auch das zweite Einwanderergesetz von 1924 ausgerichtet, welches dafür sorgte, dass das Gros der Einwanderer aus Nord- und Mitteleuropa kam.

1965 wurde dieses Gesetz geändert. Die Quotenregelung blieb bestehen, aber Amerika öffnete nun Menschen aus allen Ländern die Tür. Der Einfluss auf die demografische Entwicklung New Yorks war drastisch: Die ethnische Vielfalt ist besonders ausgeprägt. Bereits in den 1980er-Jahren verloren die Weißen die absolute Mehrheit.

Die Mehrheiten schrumpfen, die Minderheiten wachsen – New York wird immer kosmopolitischer. Das Ergebnis der letzten Volkszählung von

2010 verdeutlicht diesen Trend: Nur mehr 44 % der Gesamtbevölkerung sind weiß, die Zahl der Hispanier steht bei 28 %, die der Asiaten bei 12 % – in den letzten 30 Jahren nahm ihre Zahl um fast 10 % zu. Viele Schwarze verlassen die Stadt, ihr Anteil sank auf 25 %.

Die Neueinwanderer können sich keine Wohnungen in Manhattan leisten. Little Colombia, Little Odessa, Little Arabia und die Chinatowns des 21. Jhs. liegen in den *boroughs*. In Brooklyn und vor allem in Queens, dem ethnisch gemischtesten Viertel der Stadt. Wer mit der U-Bahnlinie 7 vom Times Square nach Flushing fährt, kann eine Weltreise unternehmen: Angehörige von 126 Nationen sollen an der Roosevelt Avenue wohnen. Viele davon sind illegale Einwanderer, und viele leben unter Bedingungen, die denen der Slums des 19. Jhs. ähneln.

Nach wie vor tendieren Neueinwanderer dazu, die Nähe ihrer Landsleute zu suchen. Erst die zweite Generation löst sich aus diesen Grenzen und übernimmt den »American Way of Life«. Die Entwicklung in den *boroughs* verläuft nach denselben Gesetzen wie früher in Manhattan: Eine ethnische Gruppe übernimmt nach und nach Straßenzüge und Häuserblöcke und verdrängt die Gruppe, die vorher dort lebte. Diese wiederum zieht geschlossen um und erobert andere Viertel.

Obdachlose, Drogensüchtige, Rassenkonflikte, Kriminalität – wie jede Großstadt hat auch New York mit diesen Problemen zu kämpfen. Dabei hat sich das ehemalige Enfant terrible längst zum Musterknaben gewandelt. Nachdem Bürgermeister Giuliani mit seiner Law-and-Order-Politik durchgegriffen hatte, reisten sogar seine Amtskollegen aus Deutschland an, um von New York zu lernen. Denn die Kriminalitätsrate ist heute in manchen deutschen Großstädten höher als hier.

Kunst & Kultur

Stadtplanung und Architektur

Eine Stadtplanung im europäischen Sinn gab es in New York nicht. Kein weltlicher oder kirchlicher Machthaber trat hier an, um seine baulichen Visionen zu verwirklichen. Es gab keinen Plan, der nach Triumphbogen oder Aufmarschflächen rief. Wohl fanden die jeweiligen Anforderungen der Zeit ihren Niederschlag im Stadtbild – der Wall, um sich nach Norden hin zu schützen, heute Wall Street, der Exerzierplatz, heute Washington Square.

Im Prinzip aber baute jeder, was und wohin er wollte, genauer gesagt: Jeder baute, was er sich leisten konnte. Die öffentliche Hand leistete dabei wenig und mischte sich nicht ein: Der Bahnhof, Grand Central, wurde von den Vanderbilts errichtet, denen die Eisenbahnlinien gehörten; die erste Oper stifteten sich die Reichen selbst › S. 48.

Zaghafte kommunale Eingriffe

Wirklich planerisch griffen die Stadtväter zum ersten Mal 1811 ein, das aber mit weit reichenden Folgen: Sie legten fest, dass ganz Manhattan mit einem rasterförmigen Straßennetz überzogen werden sollte, wobei sie allerdings völlig vergaßen, auch für Parkanlagen zu sorgen. Das Areal für den Central Park wurde erst 1856 auf Betreiben namhafter New Yorker Bürger zurückgekauft.

Ein zweites Mal sah sich die Stadt 1916 zum Eingreifen veranlasst; damals baute man bereits seit Längerem mit Stahlskelettkonstruk-

Das Equitable Building von 1915

tionen, die es ermöglichten, Wolkenkratzer zu errichten. Nach einigen noch recht zurückhaltenden Bauten wie dem 1902 errichteten Flatiron Building entstand 1915 am Broadway das Equitable Building, ein Monster in H-Form, 40 Stockwerke hoch und einen ganzen Block einnehmend. Die Wände waren gerade, ohne einen einzigen Rücksprung, sodass die Umgebung im Schatten versank.

Das erste Baugesetz

Der Protest der Bürger kam so heftig, dass die Stadt sich gezwungen sah, eine Bauverordnung *(zoning resolution)* zu erlassen – das erste Baugesetz der USA. Die darin enthaltene Forderung, dass die oberen Geschosse von Hochhäusern in bestimmten Abständen zurückgesetzt werden mussten, um Licht in die Straßen fluten zu lassen, prägte die Architektur der Wolkenkratzer entscheidend. Die sogenannte Hochzeitskuchenform – die Gliederung der Bauten in Sockel, Turm und Spitze – die man z. B. beim Empire State Building sieht, geht auf diese Verordnung zurück.

International Style und Postmoderne

Zu einer Änderung dieses Gesetzes kam es 1961. Anlass war die Errichtung des Seagram Building, das Ludwig Mies van der Rohe und Philip Johnson 1958 an der Park Avenue als schlichten Turm mit gerader Fassade entworfen hatten. Es folgte den Regeln des International Style, einer Weiterentwicklung der Bauhaus-Idee, der schlichte, funktionale Gebäude favorisierte. Das Aufsehenerregende war, dass die Architekten zu seinen Füßen einen freien Platz ließen – Platz, der an der teuren Park Avenue ein Vermögen wert war.

Es ist heute kaum nachzuvollziehen, wie diese unbelebte Fläche derart Furore machen konnte. Tatsache aber ist, dass von 1961 an bevorzugt ungegliederte Einzelhochhäuser errichtet wurden, die sich über frei zugänglichen Plazas erheben. Positive Auswirkungen hatte das Gesetz dort, wo man öffentlichen Raum in Form von Museen schuf oder Foyers begrünte.

Die Postmoderne manifestiert sich v. a. im Nordosten von Midtown; eines der interessantesten Gebäude steht an der 135 E. 57th Street. Ausgefallen ist der Bau 885 Third Avenue – die New Yorker nennen den elliptischen Turm in Rotbraun und Rosa »Lipstick« (Lippenstift).

Zeitgenössische Architektur

Die 1990er-Jahre hinterließen kaum Bemerkenswertes im Stadtbild Manhattans. Die großen Bauherren beschäftigten Architekten, die nicht durch Innovationen auffielen, sondern den kommerziellen Bedürfnissen ihrer Auftraggeber gerecht wurden. Wie z. B. David Childs, nach dessen Plänen das recht unspektakuläre Time Warner Center am Columbus Circle erbaut wurde und der – leider, sagen viele – auch das Sagen beim Neubau des World Trade Center hatte, womit die genialen Pläne von Daniel Libeskind Makulatur wurden.

Libeskind und andere international renommierte Architekten hatten in New York lange keine Chance. Das änderte sich erst im neuen Jahrtausend, auch unter dem Eindruck der Anschläge vom 11. September. Der Höhenrausch war gebremst, Qualität und Kreativität hielten wieder Einzug und nun bekamen auch Avantgarde-Architekten wie Frank Gehry, Norman Foster, Renzo Piano und Rem Kohlhaas Aufträge. Zu einem Zentrum zeitgenössischer Architektur entwickelt sich Chelsea, dort steht bereits Gehrys IAC Headquarters Building › S. 106. Gehry setzte auch an der Ostküste Manhattans Akzente: 2011 wurde sein Apartmenthochhaus 8 Spruce Street › S. 88 eingeweiht. Spektakulär geriet die von Santiago Calatrava gestaltete Bahnhofshalle am Ground Zero. Die 2016 eröffnete PATH-Station kostete 4 Mrd. $ und war damit teurer als das benachbarte One World Trade Center.

Es geht auch ohne Staat!

Es ist kaum zu glauben: In der Welthauptstadt der Kunst existiert der Kulturbetrieb weitgehend ohne staatliche Subventionen. Wie das geht? Ganz einfach: Für Leute, die ein gewisses Einkommen und Sozialprestige genießen, gehört es zum guten Ton, als Sponsoren für die Kunst aufzutreten. Sie stiften Geld, ihre Sammlungen, ganze Museen oder Bibliotheken. Der Staat wiederum dankt ihnen dies durch Steuervorteile. Engagiert sind aber auch diejenigen, die nicht zu den Großverdienern gehören: als Mitglieder bestimmter kultureller Einrichtungen oder als ehrenamtliche Helfer.

Geradezu dramatisch wird sich New Yorks Skyline in den nächsten Jahren ändern. Auf dem riesigen Betriebsgelände der Long Island Rail Road im Westen Manhattans entstehen die Hudson Yards, ein Komplex von etwa 15 Wolkenkratzern. Einer davon, The Spiral, soll mit spiralförmig um den Bau angeordneten Grünflächen den dort endenden High Line Park fortsetzen.

New York im Spiegel der Literatur

New York inspirierte Literaten aller Epochen. Lesenswerte Bücher, in denen die Stadt zum Ort der Handlung erkoren wurde, sind z. B. »The Great Gatsby« von F. Scott Fitzge-

Konzert im Apollo Theater

rald, »Frühstück bei Tiffany« von Truman Capote, »Manhattan Transfer« von John Dos Passos, »Fegefeuer der Eitelkeiten« von Tom Wolfe, »Die New York Trilogie« von Paul Auster, »Extrem laut und unglaublich nah« von Jonathan Safran Foer und »Falling Man« von Don DeLillo, zwei Romane, die die Ereignisse vom 9. September 2001 aufarbeiten.

Jazz

Die Geburtsstadt des Jazz ist nicht New York, sondern New Orleans, wo die Musik von Schwarzen und für Schwarze gespielt wurde. Als sich New York in den 1920er- und 1930er-Jahren zum Mekka der Jazzmusiker entwickelte, änderten sich sowohl Publikum als auch Stil. Die »wilde Musik« des Südens wurde gewissermaßen domestiziert, dadurch aber auch variiert und bereichert. In der Big-Band-Ära zog es die Weißen nach Harlem, schwarze Gäste hatten zu den meisten Clubs keinen Zutritt.

Die legendären Harlemer Clubs wie Savoy Ballroom oder Cotton Club existieren nicht mehr; es gibt zwar noch einen Cotton Club, aber der hat mit dem historischen nur den Namen gemein. Lohnend jedoch ist ein Besuch im Apollo Theater › **S. 157**. Es wurde 1914 eröffnet und war damals nur Weißen zugänglich. 1934 ließ der (weiße) Besitzer Frank Schiffmann auch Schwarze zu, damit begann der Aufstieg des Theaters. Die Hauptstraße des Jazz war die 52nd Street: Dort lag der nach Charlie »Bird« Parker benannte Club Birdland. Er existiert nicht mehr, ein Club gleichen Namens liegt in der 315 W. 44th St. Das älteste noch bestehende Jazzlokal ist das Village Vanguard im Greenwich Village aus den 1930er-Jahren › **S. 50**.

2004 begann für die Jazz-Metropole New York eine neue Ära: Jazz at Lincoln Center fand seine neue Heimat im fünften Stock des Time Warner Center › **S. 50, 130**. Dort befindet sich der erste eigens für Jazz konzipierte Konzertsaal. Ist das nun der Ritterschlag für die »schwarze Musik« Amerikas? Oder die Verbürgerlichung des Jazz, den man früher in rauchigen Kneipen genoss? Wie auch immer: Das Rose Theater fasst 1200 Menschen, die Akustiker haben Grandioses geleistet, um den besonderen Bedingungen des Jazz gerecht zu werden. 600 Zuhörer finden im Allen Room Platz, hinter dessen Bühne eine Glaswand den Blick auf Mannhattans Skyline freigibt.

Hip-Hop

New York ist auch die Geburtsstätte einer Bewegung, die mittlerweile die Welt erobert hat: Hip-Hop. DJing, Rap, Breakdance und die damit verbundene Graffitikultur und Mode, all das entstand in den frühen 1970er-Jahren in der Bronx. Damals zogen junge Leute mit Lautsprechern, Plattenspielern und Mikrofonen auf die Straßen oder Basketballplätze, zapften die Stromleitungen an und experimentierten mit Rhythmen, Sprache und Tanz. Die Bronx war damals ein Slum, in dem sich afroamerikanische und hispanische Jugendbanden blutige Straßenschlachten lieferten und Hip-Hop hatte in den Anfangsjahren auch einen sozialen Aspekt: Statt die Kämpfe mit Waffen auszutragen, maß man sich nun gewaltfrei bei DJ- oder Breakdance-Wettbewerben, sogenannten *battles*.

Feste & Veranstaltungen

In New York leben die verschiedensten Volksgruppen, und alle feiern sie ihre Feste, wie sie fallen, sodass eigentlich immer in irgendeinem Stadtviertel etwas los ist. Große Umzüge und Paraden bewegen sich gewöhnlich durch die Fifth Avenue.

Festkalender

Erster Vollmond nach dem 21. Januar: Chinese New Year, Chinatown, mit bunten Paraden und viel Feuerwerk.

An dem Wochenende, das dem 17. März am nächsten liegt:
St. Patrick's Day Parade auf der Fifth Avenue zwischen 44th und 86th Street, zur Erinnerung an den irischen Nationalheiligen.

Ostern: Easter Parade auf der Fifth Avenue, ein farbenprächtiges Spektakel mit Festwagen, Luftballons und Blumen.
Mitte Mai: Das **9th Avenue International Food Festival** treibt zwischen der 42nd und 57th Street die kulinarische Vielfalt der Stadt auf die Spitze.
Erster Sonntag im Juni: Puerto Rican Day Parade auf der Fifth Avenue zwischen 44th und 86th Street.

Mit der Steuben Parade feiert New York die deutsch-amerikanische Freundschaft

4. Juli: Großes Feuerwerk auf dem East River zum **American Independence Day** (Unabhängigkeitstag), ausgerichtet vom Kaufhaus »Macy's«.

Zweites Wochenende im Juli: Fiestas de Loiza Aldea; die Puertoricaner ehren den Apostel Jakobus. E. 109 St. zwischen 2nd und 3rd Ave.

Juli/Augst: Bereits seit 1974 veranstaltet Harlem jedes Jahr im Juli oder August das Sommerfestival **Harlem Week,** bei dem interessante Einblicke in die Geschichte, Kultur und Kulinarik des Stadtteils geboten werden.

Juni bis September: **Central Park Summer Stage.** Größtenteils kostenlose Konzerte und Theater im Central Park. Die Bühne befindet sich beim Parkeingang Ecke 69th St./5th Ave.

Mitte September: In der Mulberry Street in Little Italy wird zu Ehren des Stadtpatrons von Neapel das **Festival San Gennaro** gefeiert, mit Prozessionen, Straßenständen und Livemusik.

Drittes Wochenende im September: **Steuben Day Parade,** der große Umzug der Deutschamerikaner auf der Fifth Avenue zwischen 61st und 86th Street, zu Ehren des deutschstämmigen Generals Friedrich Wilhelm von Steuben, der während des Unabhängigkeitskrieges in der amerikanischen Armee gegen die britischen Truppen kämpfte.

31. Oktober: **Halloween.** Verkleidete Kinder gehen von Tür zu Tür und fordern Süßes ein (»Trick or Treat«). Als Kostümfest wird Halloween besonders in Greenwich Village von der homosexuellen Gemeinde gefeiert.

Vierter Donnerstag im November: **Macy's Thanksgiving Day Parade.** Beginn des prächtigen Umzugs, den das Großkaufhaus seit 1924 zum Erntedankfest ausrichtet, auf dem Central Park West/Ecke 79th St.

31. Dezember: **Silvester** feiert New York v. a. am Times Square. Großes Feuerwerk und viel Ausgelassenheit bei der Begrüßung des neuen Jahres.

Die hier genannten Feste sind die wichtigsten und beliebtesten; genaue Termine und andere Details sind beim Visitors Center › **S. 175** zu erfragen.

Spaß & Action gratis

New York wird immer teurer. Da ist es doch tröstlich zu wissen, dass es in dieser Stadt vieles gibt, was man genießen kann, ohne dafür mit harten Dollars zahlen zu müssen. So kann man sich gleich zum Auftakt der Reise einen ersten Eindruck von der Südspitze Manhattans verschaffen: Die Fahrt mit der **Staten Island Ferry** › S. 82 ist kostenlos und der Blick vom Wasser auf die Skyline Manhattans traumhaft.

Auch Insider-Wissen gibt es umsonst: Die **Big Apple Greeter** führen Gäste durch ihre Stadt, zeigen versteckte Winkel oder bekannte Sehenswürdigkeiten. Die Organisation besteht aus Freiwilligen, die New York lieben und ihre Begeisterung gerne mit Auswärtigen teilen möchten. So ganz umsonst sollte man ihre Dienste freilich nicht in Anspruch nehmen. Der Anstand gebietet, dass man die Menschen, die ehrenamtlich arbeiten und ihre Freizeit opfern, zumindest auf einen Kaffee oder einen Imbiss einlädt.

- **Staten Island Ferry** [c6]
  Tgl. 24 Std., Abfahrt alle 30 Min. ab Staten Island Ferry Terminal
  Ⓢ South Ferry
- **Big Apple Greeter** [d3]
  1 Centre St. (Nähe Chambers St.)
  Tel. 212-669-8159
  www.bigapplegreeter.org
  Ⓢ Brooklyn Bridge/City Hall

Central Park: Fun zum Nulltarif

Am Sonntag verwandelt sich der Central Park in eine Bühne, auf der man jede Menge Spaß und Action umsonst geboten bekommt. So kann man sich z. B. den Eintritt für den kleinen Zoo sparen, wenn man Schlangen sehen will: Die New Yorker nehmen ihre Haustiere mit ins Grüne und lassen sie laufen. Zum Glück angeleint. Auf der Mall promeniert ganz New York, am **Band-**

shell kann man Disco Dancern zusehen, die zu heißen Rhythmen Kunststücke auf Inlineskates vollführen. Eine beliebte Bühne für Sänger, Akrobaten und Musiker ist **Bethesda Terrace.** Von Juni bis September treffen sich die Tangofans jeden Samstag ab 18 Uhr bei der **Shakespeare-Statue.** Ab ca. 19.15 Uhr bekommen Interessierte kostenlosen Unterricht.

- **Central Park** [C6]
  südlicher Teil
  Ⓢ 5th Ave.
- **The Bandshell**
  Central Park | zwischen Mall und Bethesda Fountain
  Ⓢ 68th St.
- **Bethesda Terrace**
  Central Park | beim Bethesda Fountain
  Ⓢ 68th St.
- **Shakespeare-Statue**
  Central Park, Höhe 65th. St.
  Ⓢ 68th St.

Filme und Konzerte

Wenn die sommerliche Hitze über der Stadt lastet, wird New York zur Outdoor-Bühne. Von Juni bis August geben die **New York Philharmonics** kostenlose Konzerte in mehreren städtischen Parks, in dem selben Zeitraum finden zudem **Summer Stage** und das **Bryant Park Film Festival** › **S. 131** statt. Summer Stage im Central Park bietet kostenlose Musikveranstaltungen von Latin Music bis Oper. Im Rahmen des Film Festival werden im Bryant Park hinter der New York Public Library von Juni bis September jeden Montag nach Sonnenuntergang kostenlos Kultfilme gezeigt.

- **New York Philharmonics**
  Veranstaltungshinweise unter
  http://nyphil.org
- **Summer Stage** [C6]
  Central Park, Rumsey Playfield (Nähe 72nd St.), Termine unter www.cityparks foundation.org/summerstage
  Ⓢ 68th St.
- **Bryant Park Film Festival** [C7]
  Bryant Park, Ecke 42nd St./6th Ave., Veranstaltungshinweise unter
  www.bryantpark.org
  Ⓢ 42nd St.

Umsonst ins Museum

Museumsbesuche sind teuer, aber nicht zu jeder Zeit. Viele Museen laden an bestimmten Tagen zum freien Besuch ein oder locken mit dem Angebot »Pay what you wish«, »Zahle, so viel du willst«. Freien Eintritt gewährt das **American Folk Art Museum** › **S. 152** an allen Öffnungstagen, das **MoMA** › **S. 134** Fr 16–20 Uhr und das 4000 Jahre jüdischer Geschichte dokumentierende **Jewish Museum** [C7] Sa 11 bis 17.45 Uhr (1109 5th Ave./92nd St., Ⓢ 96th St.). »Pay what you wish« heißt es im **Whitney Museum of American Art** › **S. 107** Fr 19–22 Uhr.

Musik in der Metro

Unter dem Motto **Music Under New York** gibt es das ganze Jahr über kostenlose Konzerte in verschiedenen U-Bahnhöfen. Das Spektrum der auftretenden Künstler reicht vom klassischen Violinisten über den Jazztrompeter bis zum koreanischen Trommler (Infos zum Programm unter http://web.mta.info/mta/aft/muny).

Architektonischer Paukenschlag
an der Fifth Avenue: Frank Lloyd Wrights
Guggenheim Museum

TOP-TOUREN & SEHENS-WERTES

LOWER MANHATTAN

Kleine Inspiration

- **Den Blick auf die Freiheitsstatue** genießen – vom Robert F. Wagner Junior Park aus oder bei einer Fahrt mit der Staten Island Ferry › S. 74, 82
- **Ein Wunder bestaunen:** Die Skulptur The Sphere im Battery Park stand vor dem World Trade Center und überstand den Einsturz › S. 75
- **Ein Gartenparadies** mitten im Reich des Geldes entdecken: 55 Water Street › S. 83
- **In die faszinierend fremde Welt Chinatowns** mit ihren exotischen Waren und Lebensmitteln eintauchen › S. 85

Im Süden Manhattans konzentriert sich nicht nur die wirtschaftliche und politische Macht der Stadt, hier liegen auch ihre historischen Wurzeln.

Wer sich im U-Bahnsystem Manhattans bewegen will, muss zwei Begriffe kennen: Uptown und Downtown. Ersterer weist den Weg in den Norden der Insel, letzterer zeigt an, dass die Züge in Richtung Südspitze Manhattans fahren.

Dort das Zentrum New Yorks zu vermuten, wie der Begriff »Downtown« suggeriert, wäre falsch: Diese Stadt hat nämlich nicht nur ein Zentrum, sondern Dutzende. Wohl aber konzentriert sich im Süden die Macht, die finanzielle wie die politische. Da ist Wall Street mit der Börse, deren Tagesform über das Wohl oder Wehe der Weltwirtschaft entscheidet. In den mächtigen Verliesen der Federal Reserve Bank lagern die größten Goldbestände der Welt, in den Büros des Brookfield Place sitzen Global Player in Anzug und Businesskostüm. Und gleich nebenan thront nach jahrelangem Wiederaufbau mit dem One World Trade Center nun wieder der höchste Wolkenkratzer der Stadt.

Nördlich vom Finanzdistrikt residiert die politische Macht, all jene, die New York regieren und für Recht und Ordnung sorgen gehen im Civic Center ihrer – in dieser Stadt nicht immer einfachen – Aufgabe nach.

Der neue Calatrava-Bahnhof am 1WTC soll an einen aufsteigenden Phönix erinnern

Im Süden liegen auch die historischen Wurzeln Manhattans. Die Niederländer erbauten hier ihr »Nieuw Amsterdam«, die Engländer errichteten Verteidigungsposten, die Hafenanlagen am East und Hudson River gewährleisteten, dass New York zum wichtigsten Umschlagsort und größten Einwandererhafen des Landes wurde. Die Geschichte der Immigranten illustriert das hervorragende Museum auf Ellis Island; der Kontrollpunkt war der erste Flecken Erde, den die Menschen nach der Atlantiküberfahrt betraten. Ohne Worte signalisiert die Freiheitsstatue die Hoffnungen, die Millionen von Einwanderern mit der Neuen Welt verbanden.

Als im 19. Jh. die zweite große Einwanderungswelle einsetzte, errichteten die Italiener ihr Little Italy, von dem allerdings kaum etwas erhalten blieb. Chinatown hingegen expandiert stetig und frisst sich sukzessive in die umliegenden Stadtteile hinein. Beide Viertel haben vor allem kulinarisch viel zu bieten.

Die Südspitze Manhattans mit dem Touristenmagneten South Street Seaport und den vielen architektonischen und historischen Sehenswürdigkeiten ist eine spannende, facettenreiche Region, die sich in den letzten Jahren auch zum beliebten Wohnviertel mit entsprechenden Angeboten entwickelt hat.

Touren in Lower Manhattan

Entlang der Südspitze

Verlauf: Ground Zero › Brookfield Place › Robert F. Wagner Jr. Park › Battery Park › Statue of Liberty › Ellis Island › Bowling Green › Trinity Church › Equitable Building › St. Paul's Chapel

Karte: Seite 72
Dauer: inklusive Fahrt zur Statue of Liberty und Museumsbesuch auf Ellis Island mindestens 6 Std.
Praktische Hinweise:
- **Start** Ⓢ World Trade Center (U-Bahnlinie E)
- **Ziel** Ⓢ Park Place (U-Bahnlinien 2, 3)
- Unbedingt Tickets für die Fahrt nach Liberty und Ellis Island reservieren – die limitierten Crown Tickets sind Monate im Voraus ausgebucht (www.statuecruises.com).
- Wegen strenger Sicherheitskontrollen mind. 30 Min. vor Abfahrt an der Fähre sein!

Tour-Start:
Ground Zero **1** ⭐ [b4]

Dicht gedrängt stehen im Financial District die Wolkenkratzer. Mittendrin in der Versammlung der Hochhausriesen aber befindet sich eine Fläche, deren Gestaltung fast schon idyllisch genannt werden könnte, wäre das Ereignis, das zu ihrer Anlage führte, nicht so schrecklich ge-

wesen. Dort, wo bis zu den Terroranschlägen am 11. September 2001 die Zwillingstürme des World Trade Center als höchste Gebäude der Stadt aufragten, befinden sich nun auf deren Grundfläche zwei von Bäumen umgebene Bassins. Architekt Michael Aras gelang mit dem **9/11 Memorial** ein Denkmal ohne Pathos: Über die Granitwände der beiden 60×60 m großen Becken strömt von allen vier Seiten unablässig Wasser in die Tiefe. In der Mauer, die jedes Becken säumt, verläuft ein Band aus Bronze, in dem die Namen aller Opfer der Anschläge eingefräst sind. Zwischen den beiden Becken befindet sich das im Mai 2014 eröffnete **9/11 Memorial Museum**. Auf 10 000 m² Fläche wird 9/11, der schrecklichste Tag in der jüngeren Geschichte der Vereinigten Staaten, in Erinnerung gerufen (1 Albany St., So–Do 9–20, Fr, Sa 9–21 Uhr, letzter Einlass 18 bzw. 19 Uhr, Reservierung unter http://visit.911memorial.org).

Der Eröffnung des **One World Trade Center (1 WTC)** gingen jahrelange Querelen voran. Schon in der ersten Planungsphase entbrannte ein Streit darüber, ob der wertvolle innerstädtische Grund als Gedenkstätte ungenutzt bleiben oder wieder bebaut werden sollte. Der mühsam erzielte Kompromiss sah ein Mahnmal und einen neuen Hochhausturm mit der symbolträchtigen Höhe von 1176 Fuß vor (1176 war das Jahr der amerikanischen Unabhängigkeit). Es folgte ein enervierendes Hin und Her mit mehrfach überarbeiteten Entwürfen, einem entthronten Stararchitekten (Daniel Libeskind), dessen Ideen Nachfolger David Childs nur noch als Grundlage seines Entwurfs dienten, Finanzierungsproblemen, und jahrelangen Verzögerungen beim Bau. In einem Punkt machte man allerdings – zum Glück – keine Zugeständnisse: Auch One World Trade Center verfügt wieder über eine Aussichtsetage, genau genommen sogar über drei. In 47 Sekunden geht es per Lift in den 102. Stock, auf die Wände der Aufzugkabine wird dabei ein Film über die Entstehungsgeschichte New Yorks projiziert. Der 360-Grad-Blick vom **One World Observatory** über die fünf New Yorker *boroughs* ist atemberaubend (tgl. mindestens 9–20 Uhr, Tickets ab 32 $, Reservierung unter www.oneworldobservatory.com).

Zu Füßen des 1 WTC entstand der teuerste Bahnhof der Welt: Mächtige Stahlschwingen wölben sich über Santiago Calatravas **World Trade Center PATH Station,** im Zentrum den Blick auf den Himmel über Ground Zero freigebend. Der sog. Oculus ist Kreuzungspunkt mehrerer U-Bahn-Linien, öffentlicher Platz und Einkaufszentrum zugleich.

Shopping

Neben **Century 21** [c4] (22 Cortlandt St.) › **S. 46** gibt es in Süd-Manhattan ein weiteres Discount-Kaufhaus: **Lot Less Closeouts** [c3] (97 Chambers St., www.lot-less.com) verkauft Auslaufmodelle und Überproduktionen – und das längst nicht nur in Sachen Mode.

9/11 Memorial am Ground Zero

Battery Park City

Über eine Fußgängerbrücke gelangt man zum **Brookfield Place** **2** [b4], vormals World Financial Center. Cesar Pelli entwarf den aus vier Türmen bestehenden Komplex, in dem Global Player wie Merrill Lynch und American Express residieren. Im Erdgeschoss gibt es eine Reihe nobler Shops (u. a. Burberry, Gucci, Hermès, Michael Kors); vom lichtdurchfluteten Wintergarten führt eine Rolltreppe in den 1. Stock, wo der Food-Court Hudson Eats kreative Imbissstände und einen schönen Blick auf die Freiheitsstatue bietet (Mo–Sa 10–20.30, So 11–19 Uhr, www.brookfieldplaceny.com).

Brookfield Place ist das kommerzielle Zentrum der Battery Park City. Ihre Entstehung verdankt die 1979 konzipierte »Stadt« am Hudson-Ufer dem World Trade Center: Erde, die zu dessen Bau ausgehoben wurde, kippte man zur Landgewinnung in den Fluss. Das Neuland

Touren in Lower Manhattan

Tour ❶

Entlang der Südpitze

1 Ground Zero/One World Trade Center
2 Brookfield Place
3 Museum of Jewish Heritage
4 Robert F. Wagner Jr. Park
5 Battery Park mit Castle Clinton
6 Statue of Liberty
7 Ellis Island
8 U. S. Custom House
9 Trinity Church
10 Equitable Building
11 St. Paul's Chapel

Tour ❷

Der Finanzdistrikt

12 New York Stock Exchange
13 Federal Hall
14 Hanover Square
15 Fraunces Tavern
16 Staten Island Ferry
17 Vietnam Veterans Memorial
18 55 Water Street
19 Chase Manhattan Plaza
20 South Street Seaport

Tour ❸

Rund um Chinatown

21 Little Italy
22 Chinatown
23 Criminal Courts Building
24 The Hall of Records
25 Municipal Building
26 Tweed Courthouse
27 City Hall
28 Woolworth Building
29 8 Spruce Street

wurde Staatseigentum, die Bebauung erfolgte nach einheitlicher stadtplanerischer Konzeption.

Die **Esplanade,** die Promenade am Flussufer, ist ein beliebter Treff für Jogger und Frischluftfanatiker, die der Enge der Büros entkommen wollen. In der **Marina** vor dem Wintergarten des Brookfield Place liegen kleine Boote vor Anker, die über den Hudson River nach New

! Erst-klassig

Grüne Oasen im Trubel von Manhattan

....

- **Robert F. Wagner Jr. Park**
  › S. 74. Aussichtsplattform mit Logenblick auf die Freiheitsstatue.
- **Columbus Park** › S. 85.
  Beliebter Freizeittreff der Bewohner Chinatowns, die hier Tai Chi trainieren oder Mahjong spielen.
- **Gramercy Park** › S. 103.
  Eigentlich ein den Anwohnern vorbehaltener Privatpark. Wer im Gramercy Park Hotel logiert, bekommt aber auch den Schlüssel.
- **Bryant Park** › S. 131.
  Hübsche grüne Oase in Midtown hinter der Public Library.
- **Conservatory Garden** [C4]
  Kleiner botanischer Garten im Norden des Central Park, den Freiwillige liebevoll pflegen. Sein Haupteingang, ein 1894 in Paris gefertigtes schmiedeeisernes Tor, stand ursprünglich vor dem Anwesen der Vanderbilts.
  5th Ave. (zw. 104th und 105th St.)
  Tgl. 8 Uhr bis Sonnenuntergang

Jersey fahren. Auf der anderen Seite auszusteigen lohnt sich nicht, aber die Rundfahrt macht Spaß – und bietet großartige Fotomotive.

Museum of Jewish Heritage **3** [b5]

Nicht nur architektonisch interessant ist das auf dem Grundriss eines sechszackigen Davidsterns erbaute Museum. Anders als im Jewish Museum (Upper East Side) liegt hier der Fokus auf dem 20. Jh. Die Gedenkstätte dokumentiert anhand von Bildern, Schriftstücken und Berichten Überlebender jüdische Geschichte und Kultur (36 Battery Pl., So–Di und Do 10–17.45, Mi 10–20, Fr 10–17, im Winter 10–15 Uhr, 12 $, www.mjhnyc.org).

Zwischenstopp: Restaurant

Lox 1 [b5]
Nettes Café mit koscherer Küche im neuen Flügel des Museums, auch ohne Museumsbesuch zugänglich.

Robert F. Wagner Jr. Park **4** [b6]

Wer war Robert F. Wagner Jr.? Nun, wie der Zusatz »Junior« verdeutlicht, wohl in erster Linie Sohn. Sein Vater regierte die Stadt in den 1950er-Jahren als Bürgermeister. Mit dem nach ihm benannten kleinen Park wurde dem Jungen ein einzigartiges Denkmal gesetzt: Auf mehreren Ebenen führen Wege durch ein landschaftlich reizvoll gestaltetes Terrain über dem Flussufer. Bänke und Terrassen laden dazu ein, **!** den grandiosen Blick auf die Freiheitsstatue zu genießen.

New Yorks grüner Südzipfel: der Battery Park mit der Battery Park City Esplanade

Battery Park mit Castle Clinton **5** [b/c6]

Castle Clinton wurde 1811 errichtet, als England die junge Nation bedrohte, um ihr den Appetit am lukrativen Handel mit Frankreich zu verderben.

Die kleine Grünfläche, in der die Verteidigungsanlage steht, heißt Battery Park. Dort sind verschiedene Denkmäler zu sehen – besonders beeindruckend ist **The Sphere,** eine Plastik des deutschen Künstlers Fritz König. Sie stand jahrzehntelang auf der Plaza vor dem World Trade Center und überstand den Einsturz der Gebäude zwar beschädigt, aber nicht gänzlich zerstört.

Statue of Liberty **6**

Durch den Battery Park spaziert man zur **Anlegestelle** der Fähre, die zur Liberty Island mit der Freiheitsstatue und nach Ellis Island verkehrt (Abfahrten tgl. 8.30–15.30 Uhr, letzte Rückfahrt von Liberty Island 17 Uhr, im Sommer erweiterter Fahrplan;

18 $; Tickets unbedingt vorab reservieren › S. 70). Nach umfassender Renovierung ist es inzwischen wieder möglich, das Innere der Freiheitsstatue zu besichtigen. Die begehrten Tickets für einen Besuch der Plattform in der Statuen-Krone (Crown Ticket, 3 $ zzgl. zum Fährticket) sind limitiert, ohne monatelange Vorabreservierung bleibt einem also nur der Blick von der Besucherplattform im 45 m hohen Sockel (Pedestal Ticket, berechtigt auch zum Besuch des Museums in

SEITENBLICK

Downtown Connection

Umsonst mit dem Bus durch Downtown: Tgl. von 10–19.30 Uhr verkehren die roten Busse der **Downtown Connection** etwa im 10-Minuten-Takt. Die Route verläuft mit 38 Stopps im Westen entlang der West Street, im Osten entlang der Water Street bis zur Höhe Warren Street. Infos unter www.downtownny.com.

SPECIAL

Freizeitparadies im Hafen

Es ist paradox: Governors Island liegt zwar seit Menschengedenken direkt vor den Augen der New Yorker, aber kaum einer kannte die Insel, die erst als Militärbasis diente und dann ihrem Schicksal überlassen wurde. Nachdem sie jedoch vom National Park Service übernommen und zum Naherholungsgebiet umgestaltet wurde, entwickelte sie sich zu einem der beliebtesten Sommerspots der Stadt. Mit der Fähre geht es in der Saison (28. Mai–25. Sept., Mo–Fr 10–18, Sa, So 10–19 Uhr, 2 $) vom Battery Park aus in wenigen Minuten auf die grüne 70-Hektar-Insel, wo es reichlich Platz gibt für Picknicks mit grandiosem Ausblick auf die Stadt. Am Nordufer entstand ein Beachclub mit Sandstrand, und Künstlerkolonien stellen ihre Werke aus. Es gibt Fahrradwege (Leihräder 15 $/2 Std.), Spielplätze und eine Minigolfanlage. Mehrere Food Trucks verkaufen Snacks. Ein besonderer Reiz besteht darin, dass die Infrastruktur des einstigen Militärstandorts erhalten geblieben ist. Der Schein trügt aber: Viele Gebäude wurden umgewidmet, sogar eine Schule gibt es auf der Insel wieder (https://govisland.com).

der Freiheitsstatue). Hier ermöglicht eine eingezogene Glasdecke Einblicke ins Innere der Figur.

Die 46 m hohe Statue – ursprünglich hieß sie »Freiheit, die die Welt erleuchtet« – kam als Geschenk nach Amerika, gestiftet von Frankreich, das seine Begeisterung für die Amerikanische Revolution ausdrücken wollte: Die Franzosen sahen in der Unabhängigkeitsbewegung »die Vollendung der Französischen Revolution jenseits des Atlantiks«. Für den Entwurf zeichnete der Bildhauer Frédéric Auguste Bartholdi verantwortlich, Gustave Eiffel konstruierte das Gerüst im Inneren. In Stücke zerlegt trat die Dame ihre Reise über den Atlantik an; 1885 lief sie im Hafen von New York ein. Nach der Lösung des Sockel-Problems wurde sie am 28. Oktober 1886 mit Pomp enthüllt.

Danach geschah etwas Seltsames: Vielleicht lag es am exponierten Standort im Hafen, vielleicht an der Pose, dem wie zum Gruß erhobenen Arm. Jedenfalls dauerte es nur wenige Jahre, bis der ursprüngliche Bedeutungsgehalt der Figur vergessen war. Was von Frankreich als Zeichen der Völkerfreundschaft und der gemeinsamen Freiheitsliebe gedacht war, wurde bald als Symbol der Freiheit amerikanischer Prägung gesehen, die »Freiheit, die die Welt erleuchtet« mutierte zur »Mutter der Emigranten«.

Über 16 Mio. Menschen zogen zwischen 1892 und 1924 an Lady Liberty vorbei; ihnen ist das **Statue of Liberty Museum** im Sockel der Freiheitsstatue gewidmet.

Ellis Island 7 ⭐

Der Weg der eben Eingetroffenen führte erst einmal nach Ellis Island, einer kleinen Insel, auf der die Einwanderer bis in alle Einzelheiten befragt und untersucht wurden. Die Betroffenen nannten sie »Insel der Tränen« und sahen dieser Inspektion mit Schrecken entgegen. Gesetze, die je nach Ansturm und politischer Situation geändert wurden, verwehrten Schwachen, Kranken, politisch Unerwünschten, alleinstehenden Frauen und Mittellosen den Zutritt ins »Land der Freien«. Wer die Prüfung nicht bestand, wurde unverzüglich zurückgeschickt.

2000 Einwanderer pro Tag waren in den Rekordjahren 1907 und 1914 keine Seltenheit. Man stelle sich die Enge vor, die in dem riesigen Wartesaal herrschte, die stickige Luft, das Stimmengewirr. Dies – die Angst und die menschlichen Tragödien – wird auf höchst eindringliche Weise in einem Museum vermittelt. Ein neues Angebot ist die Hard Hat Tour, die durch das unrenovierte Krankenhaus auf Ellis Island führt, vorbei an Installationen des französischen Streetart-Künstlers JR (52 $, Reservierung erforderlich › **S. 70**).

Bowling Green

Der winzige Grünflecken ist New Yorks ältester öffentlicher Park; seine Südseite wird vom **U.S. Custom House** 8 **[c6]** eingenommen. Das Zollhaus, ein prächtiges Beaux-Arts-Gebäude, wurde 1907 errichtet. Cass Gilbert war der Architekt. Die zwölf Figuren über dem Gesims versinnbildlichen die großen Handelsnati-

Neugotik im Schatten der Wall Street:
Trinity Church

onen. Das U. S. Custom House beherbergt einen Teil der Sammlung
des **National Museum of the American
Indian** (1 Bowling Green, tgl. 10–17,
Do 10–20 Uhr, Eintritt frei, www.
nmai.si.edu).

Am Bowling Green nimmt auch
die bekannteste Straße New Yorks
ihren Anfang, der Broadway. Weiter
oben im Norden ist er Synonym fürs
Showbusiness, hier im Süden hingegen Wegbegleiter des Geldes: Banken und Bürogebäude säumen den
Weg, darunter finden sich architektonisch interessante Bauten wie das
Cunard Building [C12] (25 Broadway,
1921) und das **Standard Oil Building**
[C12] (26 Broadway, 1922).

Trinity Church 9 [c5]

Wo die Wall Street auf den Broadway stößt, zeigt sich die Prachtstraße von ihrer sakralen Seite. Kaum
zu glauben, dass die Trinity Church
einst das höchste Gebäude Manhattans war. Heute wirkt sie fast wie ein
armer Verwandter zwischen all den
Tempeln des Geldes – ein Eindruck,
der trügt. Denn die Fläche, die Kirche und Friedhof in dieser Gegend
mit schwindelerregenden Immobi-
lienpreisen einnehmen, muss man
sich erst einmal leisten können. Die
Episkopalkirche kann es, und das
verdankt sie einer Landschenkung
der britischen Krone (tgl. 7–18 Uhr,
Führungen Mo–Fr 14 Uhr).

Die Trinity Church ist berühmt
für ihr Musikprogramm. Die meisten Konzerte sind gratis, Spenden
werden aber gerne entgegengenommen. Die Kirche geht mit der Zeit:
Fast alle Aufführungen werden live
gestreamt (Programm unter www.
trinitywallstreet.org).

Equitable Building 10 [c4]

Das monolithisch wirkende Gebäude, das einen ganzen Block einnimmt, hat Architekturgeschichte
geschrieben: Nachdem das Equitable Building 1915 fertiggestellt
war und die ganze Umgebung in
seinem Schatten versank, wurde ein
Jahr später die erste Bauvorschrift
in New York erlassen, die sogenannte Zoning Resolution: Von nun an
mussten die oberen Stockwerke von
Hochhäusern stufenweise zurückgesetzt werden, damit noch Tages-
licht in die Straßenschluchten fallen
konnte › **S. 59** (120 Broadway).

St. Paul's Chapel [c4]

Vor dem 11. September 2001 kam der kleinen hübschen St. Paul's Chapel in erster Linie historische Bedeutung zu: Sie wurde 1766 vollendet und nimmt damit den Rang des ältesten Gotteshauses und des ältesten städtischen Gebäudes in Manhattan ein. Hier betete schon George Washington, hier fand die Messe anlässlich seiner Vereidigung zum Präsidenten 1789 statt.

Dann kam 9/11. Direkt hinter dem alten Friedhof brannte das World Trade Center. Bilder, die nach dem Zusammenbruch der Türme entstanden, zeigen die kleine Kirche, gehüllt in eine schwarze Wolke aus Geröll, Rauch und Staub. Angrenzende Häuser wurden schwer beschädigt – in der St. Paul's Chapel ging nicht mal ein Fenster zu Bruch. Die Aufräumarbeiten begannen und die Kirche wurde zur Anlaufstelle der Helfer: Hier gab es warme Mahlzeiten, hier fand man einen Platz zum Schlafen.

Der sakrale Ort in unmittelbarer Nähe von Ground Zero wurde nach den Anschlägen zum Memorial: Der gesamte Zaun, der den alten Friedhof umgibt, war bedeckt mit Blumen, Fahnen, Solidaritätsadressen, Fotos, Gedichten und Gebeten, Teddybären und Baseballmützen … Die Kirche hat auf diese spontane Manifestation von Trauer und Anteilnahme reagiert und versteht sich heute als Gedenkstätte für die Opfer von 9/11. Einige Relikte, die an die Arbeit der Helfer erinnern, sind in einer kleinen Ausstellung zu sehen (tgl. 10–18 Uhr).

Der Finanz-distrikt

Verlauf: Wall Street › Hanover Square › Fraunces Tavern › Staten Island Ferry › Vietnam Veterans Memorial › Nassau Street › South Street Seaport

Karte: Seite 72
Dauer: 4–5 Std.
Praktische Hinweise:
- **Start** Ⓢ Wall Street (U-Bahn-linien 2, 3)
- **Ziel** Ⓢ Fulton Street (U-Bahnlinien A, C, J, Z, 2, 3, 4, 5)
- Diese Tour unternimmt man am besten werktags – am Wochenende ist das Finanzviertel völlig ausgestorben. Um das Gedränge und Geschiebe in Wall Street zu erleben, empfiehlt es sich, morgens vor 9 Uhr oder abends kurz nach Büroschluss hierher zu fahren.

Tour-Start:
Wall Street ⭐ [c5]

Mit der U-Bahn kommt man direkt zur Wall Street, und wenn man vor 9 Uhr eintrifft, fühlt man sich wie ein Statist in einem Film: Junge Männer mit Anzügen rasen die Treppen empor, dunkle Limousinen fahren vor und spucken diejenigen aus, die hier Geld und Macht verkörpern, Frauen im Business-Kostüm und mit Turnschuhen eilen auf Glastüren zu. Tausende verschwinden in den Drehtüren der Banken und Bürohäuser, bis es dann schlagartig ganz still wird. Wall Street, die enge Schlucht zwischen den Tempeln des Geldes, liegt verlassen da – und im Inneren der Börse summt es wie in einem Bienenkorb.

New York Stock Exchange 12 [c5]

Leider sind die Zeiten vorbei, zu denen man von dieser Atmosphäre etwas mitbekommen konnte: Seit 9/11 ist die New York Stock Exchange aus Sicherheitsgründen für Touristen gesperrt. So kann man die New Yorker Börse (11 Wall St./Ecke Broad St.) nur von außen betrachten, doch auch das ist beeindruckend. Der Bau – 1903 errichtet, 1923 erweitert – wirkt wie ein Tempel: mächtige Säulen, der Fries des Portikus reich verziert.

Gegründet wurde die New Yorker Börse 1792, die große Zeit der Wall Street kam aber erst Ende des 19. Jhs. Die industrielle Revolution hatte die Welt verändert; im Sezessionskrieg zwischen den Nord- und Südstaaten waren einige Leute unendlich reich geworden. Small Business hatte ausgedient: Es bildeten sich große Korporationen, die für ihre Projekte mehr Geld brauchten, als sie selbst zur Verfügung hatten. Die Kapitalbesorgung übernahmen die Banken. Wertpapiere fanden reißenden Absatz, und Wall Street wurde binnen kurzem nicht nur zum Synonym für Wertpapierhandel, sondern zugleich zum Seismographen der Weltwirtschaft.

Dies wurde nicht nur am 29. Oktober 1929 deutlich, dem »Schwarzen Freitag«, der den Beginn der Weltwirtschaftskrise markierte, sondern zeigte sich auch in der Folge des 11. September 2001 und zuletzt bei der Banken- und Finanzkrise 2008 im extremen Einbruch der Börsenkurse.

Zum Volk gesprochen

Dort, wo heute Federal Hall steht, erklangen 1776 markige Worte, die der britischen Kolonialmacht und ihren Vertretern in Übersee gar nicht gefielen: »Folgende Wahrheiten halten wir für selbstverständlich: dass alle Menschen gleich geschaffen sind; dass sie von ihrem Schöpfer mit gewissen unveräußerlichen Rechten ausgestattet sind; dass dazu Leben, Freiheit und das Streben nach Glück gehören; dass zur Sicherung dieser Rechte Regierungen unter den Menschen eingesetzt werden, die ihre rechtmäßige Macht aus der Zustimmung der Regierten herleiten; dass, wann immer irgendeine Regierungsform sich für diese Zwecke als schädlich erweist, es das Recht des Volkes ist, sie zu ändern oder abzuschaffen.«

Deutliche Worte, gesprochen und in die Tat umgesetzt 13 Jahre vor der Französischen Revolution: Sie stehen in der Unabhängigkeitserklärung, die am 4. Juli 1776 vom Kontinentalkongress in Philadelphia angenommen und unterzeichnet wurde. Die einzige Kolonie, die nicht unterschrieb, war New York, was die Aufständischen aber nicht daran hinderte, das Dokument zwei Wochen später vor dem hiesigen Rathaus zu verlesen.

Federal Hall 13 [c5]

Schräg gegenüber der Börse liegt Federal Hall, ein prächtiger klassizistischer Bau aus dem Jahr 1842. Vor dem Vorgängerbau, dem zweiten Rathaus der Stadt, wurde George Washington am 30. April 1789 als erster Präsident der jungen Republik inauguriert. Das Gebäude war auch Sitz des ersten Kongresses, die Bill of Rights wurde hier verabschiedet. Heute beherbergt es eine Ausstellung zur Geschichte des historischen Orts (26 Wall St., Mo–Fr 9–17 Uhr, im Sommer auch Sa, Eintritt frei, www.nps.gov/feha).

Hanover Square 14 [d5]

Folgt man der Front Street in südlicher Richtung und biegt rechts in die William Street ab, erreicht man diesen kleinen Platz, der 2008 in einen hübschen Park umgewandelt wurde, den British Memorial Garden. Sein Name ist ein Relikt aus der Zeit der Monarchie: König George I. stammte aus dem Haus Hannover. Hanover Square war eine feine Wohnadresse und entwickelte sich im Laufe des 18. Jhs. auch zum Geschäftszentrum von New York. Dass kein Bauwerk aus dieser Zeit erhalten ist, liegt an dem großen Feuer von 1835, das einen Großteil des Gebiets zwischen South, Broad und Wall Street zerstörte. In den Jahren des Wiederaufbaus (1851–1854) entstand das **India House,** das Prunkstück des Hanover Square. Es diente ursprünglich als Bankgebäude. Heute befindet es sich im Besitz eines Clubs, dessen Mitglieder im Überseehandel engagiert sind.

Statue George Washingtons vor der Federal Hall

Zwischenstopp: Restaurant

Blue Bar at India House 2 €€€ [d5]

In der mit maritimer Kunst dekorierten Lounge im Erdgeschoss des India House treffen sich Börsianer und Banker nach der Arbeit gern auf einen Drink. Zu kundig gemixten Cocktails wird ausgezeichnetes Barfood serviert.

• 1 Hanover Square
Tel. 212-785-9200
www.indiahouseclub.org

Fraunces Tavern 15 [c6]

George Washington ist allgegenwärtig in Downtown Manhattan: In St. Paul's Chapel neigte er das Haupt zum Gebet, in der Wall Street wurde er inauguriert. Und in Fraunces Tavern nahm er 1783 Abschied von seinen Offizieren, die er als General der Kontinentalarmee während des Unabhängigkeitskriegs befehligt hat-

Wunderbar, wenn man nicht täglich pendeln muss: eine Fahrt mit der Staten Island Ferry

te. Die ehemalige Taverne liegt in einem Häuserblock aus dem 19. Jh., das heutige Gebäude ist stilistisch seinem ab 1719 entstandenen Vorgänger nachempfunden. Im Erdgeschoss beherbergt es ein beliebtes Restaurant, im Museum in den oberen Stockwerken sind Dokumente aus der Geschichte der Taverne sowie originale Einrichtungsgegenstände des 18. und 19. Jhs. zu sehen (54 Pearl St./Ecke Broad St., Mo–Fr 12–17, Sa, So 11–17 Uhr, 7 \$, www.f](https://)rauncestavernmuseum.org).

Staten Island Ferry 16 ⭐ [c6]

Nach dem Spaziergang durch die engen Straßenschluchten des Finanzdistrikts tut es gut, die Beine auszustrecken und den weiten Blick übers Wasser zu genießen. Gelegenheit dazu bietet die Fahrt mit der Fähre zum Stadtteil Staten Island. Sie legt am South Street Terminal (am Fuß der Whitehall Street) alle 30 Min. ab; auf ihrem Weg durchquert sie den New Yorker Hafen. Der Blick ist atemberaubend, man sieht Ellis Island, die Freiheitsstatue und die Skyline Manhattans, und das alles umsonst! Fast ebenso amüsant ist der Blick auf die Pendler, die der Szenerie nichts mehr abgewinnen können und gelangweilt auf ihren Smartphones herumtippen oder an einem Kaffee nippen. Am besten sitzt man in Fahrtrichtung rechts oder ganz hinten › **Special S. 64**.

Vietnam Veterans Memorial 17 [d6]

Über Whitehall und Water Streets gelangt man anschließend zum Coenties Slip, wo ein Memorial an die Opfer des Vietnamkrieges erinnert. Keine martialische Bombastik, keine Gewehr schwingenden Helden, nur eine Wand aus grünem Glas, auf der Auszüge aus Briefen der Soldaten zu lesen sind – eindrucksvoller kann man die Sinnlosigkeit des Krieges nicht schildern.

55 Water Street 18 [d5]

Eine kurze Fahrt mit dem Lift, und schon ist man aus der steinernen Welt der Geldspeicher ins Grüne entschwebt. Elevated Acre heißt der originelle Rooftop-Park mit Grünflächen, einem Amphitheater – hier werden kostenlos Filme gezeigt – und der Leuchtskulptur »Beacon of Progress«. Der Blick auf den East River und die Brooklyn Bridge ist gigantisch, im Sky 55 Beer Garden kann man sich mit Getränken und Snacks versorgen (Mo–Fr ab 16 Uhr). Leider macht der Kommerz dem Elevated Acre langsam, aber sicher den Garaus: Immer öfter ist die Grünfläche für private Empfänge reserviert (tgl. 8–21 Uhr).

Entlang der Nassau Street

Über die Pine Street führt der Weg zur **Chase Manhattan Plaza** 19 [c4/5] mit einer interessanten Plastik (»Four Trees«) von Jean Dubuffet. Man überquert den weiten Platz zur Nassau Street, der man in nördlicher Richtung folgt. Bald gelangt man zu einem trutzigen Gebäude, das den ganzen Block zwischen Maiden Lane, Nassau und Liberty Streets einnimmt: die **Federal Reserve Bank.** Der Bau wurde 1924 vollendet, und dass er so klobig und wehrhaft aussieht, hat seinen Grund: Nach Angaben der Bank liegen in den unterirdischen Gewölben die größten Goldbestände der Welt.

South Street Seaport 20 ⭐ [e4]

Vorbei an der **Louise Nevelson Plaza,** benannt nach der Künstlerin, deren abstrakte Plastiken auf dem Platz stehen, erreicht man über Maiden Lane wieder die Water Street, über die der Weg zur Fulton Street und damit zum »Haupteingang« des South Street Seaport führt.

Ob Jung, ob Alt – Touristen lieben South Street Seaport. Kein Wunder, findet der Homo touristicus hier doch alles, was er so liebt. Nette Bars und Lokale, Einkaufsmöglichkeiten aller Art, kostenlose Konzerte und Veranstaltungen im Freien, historisches Ambiente und das am Flussufer und mit Blick auf die Brooklyn Bridge. Pier 17 ist ein Shopping-Paradies, wer genug Geld ausgegeben hat, kann Ausstellungen zur maritimen Geschichte New Yorks besuchen oder die Prunkstücke des Museums bewundern: Die historischen Schiffe an den Piers 15/16 wie den Dreimaster **»Wavertree«** (1885), den Schlepper **»W. O. Decker«** (1930), die Viermastbark **»Peking«** (1911) und das Feuerschiff **»Ambrose«** von 1907 (die Schiffe haben unterschiedliche Besichtigungszeiten, Details unter www.southstreetseaport museum.org).

Ohne Hafen kein Handel

Dem ersten Hafen am East River verdankt New York seinen Aufstieg zur Weltstadt: Hier begann der Handel mit Übersee, hier legten die großen Segelschiffe aus aller Welt an und ab. Die Dampfschifffahrt läutete Mitte des 19. Jhs. den Niedergang

Historische Segelschiffe im South Street Seaport

ein, die Schiffe steuerten nun die Piers am Hudson an. Das Viertel an der East Side verfiel und wurde erst 1967 durch ein Revitalisierungsprogramm aus dem Dornröschenschlaf erweckt.

Der Historic District von South Street Seaport umfasst elf Häuserblocks und drei Piers. Die Gebäude stammen aus dem 18. und frühen 19. Jh.; Prunkstück der Anlage ist die **Schermerhorn Row** an der Südseite der Fulton Street, eine 1811 vom Reeder Peter Schermerhorn erbaute, schmuck sanierte Häuserzeile im Georgian Federal und Greek Revival Style. Hier befindet sich neben Läden und Restaurants auch das **Museum Visitors Center,** in dem man Tickets für die Bootstouren und Infos aller Art erhält (12 Fulton St., Mi–So 11–17 Uhr, www.south streetseaportmuseum.org).

Zwischenstopp: Restaurant

Il Brigante 3 €€–€€€ [d4]
Viele der traditionellen Restaurants haben sich immer noch nicht von den Auswirkungen des Hurrikans Sandy erholt, der das Gebiet 2012 heimsuchte. Das hochgelobte italienische Restaurant Il Brigante gibt es aber noch.
• 214 Front St. | Tel. 212-285-0222
  www.ilbrigantenyc.com

Shopping

In der Einkaufswelt von South Street Seaport sind neben Filialen von **Abercrombie & Fitch, Guess, Scotch & Soda** und **Superdry** auch kleine, individuelle Läden vertreten. Für Abwechslung vom üblichen Ketten-Einerlei sorgen z. B. **Brother Vellies** (handgemachte Schuhe aus Südafrika, Namibia und Kenia), **Defend Brooklyn** (lokalpatriotische Shirts) und **Fulton Stall Markets** (landwirtschaftliche Erzeugnisse aus der Region).

 # Rund um Chinatown

**Verlauf: Mulberry Street ›
Columbus Park › Criminal Courts
Building › Hall of Records ›
Municipal Building › Tweed Court-
house › City Hall Park › Woolworth
Building › 8 Spruce Street**

Karte: Seite 72
Dauer: 2–3 Std.
Praktische Hinweise:
- **Start** Ⓢ Bowery
(U-Bahnlinien J, Z)
- **Ziel** Ⓢ Park Place
(U-Bahnlinien 2, 3)
- In den meisten Lokalen China-
towns werden keine Reservierun-
gen entgegengenommen. Man
muss daher mit Wartezeiten rech-
nen, bis man einen Tisch zugewie-
sen bekommt, besonders abends
und an den Wochenenden.

Tour-Start:
Little Italy 21 [d1]
Viel ist nicht mehr übrig von
»Klein-Italien«, das längst den Cha-
rakter eines Wohnviertels verloren
hat und heute vom Kommerz re-
giert wird. Weite Teile des ehemals
italienischen Viertels sind heute in
chinesischer Hand; dass sich an
Mulberry Street noch »authentisch
italienische« Restaurants, Cafés, Bä-
ckereien und Feinkostgeschäfte halten konnten (ideal, um sich für ein
Picknick einzudecken!), liegt angeblich an Absprachen zwischen
der Mafia und ihrem chinesischen

Gegenstück, welche die Mulberry
Street vor der »Chinesierung« be-
wahren.

Nur wenn gefeiert wird – Mitte
September z. B. wird die Mulberry
Street zu Ehren San Gennaros ge-
schmückt –, spürt man noch etwas
von dem, was Little Italy Ende des
19. Jhs. war: die Fortsetzung von
Neapel und Palermo jenseits des
Atlantiks. Noch 1932 waren 98 %
der Bewohner des Viertels italieni-
scher Abstammung.

Architektonisches Prunkstück
der Gegend sind die **N.Y.C. Police
Headquarters** (240 Centre St.). Der
1909 im Stil der französischen Renaissance erbaute Palast wurde
1988 in ein Apartmentgebäude umgewandelt.

Chinatown 22 [d/e2]
Die Telefonzellen tragen Pagoden-
dächer, die Geschäfte fremdartige
Schriftzeichen und die Händler Kisten mit exotischem Gemüse und Ge-
würzen. In den Schaufenstern hängen rötlich gebeizte Enten, ein paar
Schritte weiter bestickte Deckchen
neben Körbchen, Püppchen, Schüh-
chen und grellfarbigen Seidentü-
chern: Wir sind in Chinatown. In
den engen Straßen zwischen all den
Verkaufsständen, auf denen sich
Früchte, Fische, Krabben und Mu-
scheln türmen, unter Menschen, die
in asiatischem Singsang aufeinander
einreden – viele von ihnen können
kein Englisch –, fühlt man sich wie
auf einem anderen Kontinent.

Eine hübsche Oase im quirligen
Chinatown bildet der **Columbus Park**.
Einst war er Mittelpunkt von Little

Italy – die Kolumbusstatue, die hier stand, ziert heute den Columbus Circle –, heute ist er nach aufwendiger Renovierung wieder ein Schmuckstück und soziales Zentrum des Viertels. ❗Ein asiatischer Garten wurde angelegt, den alten Pavillon zieren goldene Drachen. Die Chinesen treffen sich hier morgens zum Tai Chi, Männer sitzen über ihre Brettspiele gebeugt, Wahrsagerinnen bieten ihre Dienste an.

An der Canal Street – nahe der Auffahrt zur Manhattan Bridge – hat der **Mahayana Buddhist Temple** seinen Platz gefunden, Chinatowns größter Tempel mit einer riesigen goldenen Buddhafigur im Inneren (tgl. 8–18 Uhr).

Oase der Stille im hektischen Chinatown: Mahayana Buddhist Temple

Chinesische Einwanderer

In Chinatown leben um die 100 000, andere Quellen sagen sogar 150 000 Menschen auf engstem Raum, wobei ihre Zahl ständig zunimmt: Sie kommen aus Hongkong, Taiwan und vom chinesischen Festland, und die Mehrheit kommt illegal, eingeschleust von Schlepperbanden. An diesen Illegalen verdienen die Menschenhändler, die Kopfgeld in fünfstelliger Dollar-Höhe verlangen; und von ihnen lebt die Wirtschaft dieses Kleinkosmos in der Großstadt: Die Nähereien, von denen es etwa 600 in Chinatown gibt, arbeiten billiger als ihre Konkurrenz in Asien. Der niedrige Lohn, der zur Schuldentilgung nicht reicht, hält die Arbeiter in lebenslanger Abhängigkeit von ihren Schleppern, die Arbeits- und Lebensbedingungen schreien zum Himmel. Wenn davon etwas an die Öffentlichkeit dringt, ist z. B. die Rede von 40 bis 50 Menschen, die in einem Keller zusammengepfercht leben und dafür pro Kopf 60 Dollar Miete zahlen.

Solche Skandale kommen meist nur beim Einsatz der Feuerwehr ans Licht; in der Regel kümmert sich die Stadt genauso wenig um Chinatown wie dessen Bewohner etwas mit dem Rest New Yorks zu tun haben wollen. Wie lange das noch so bleibt, ist die Frage. Denn nicht zuletzt aufgrund der illegalen Einwanderung wächst Chinatown in rasender Geschwindigkeit. Schon längst hat es seine ursprünglichen Grenzen gesprengt und frisst sich in die Nachbarviertel Little Italy und Lower East Side hinein.

Zwischenstopp: Restaurants

Die New Yorker fahren vor allem zum Essen nach Chinatown. Es gibt Hunderte von einfachen Restaurants, die mit den herrlichsten Köstlichkeiten aufwarten. Sie sind eng, laut, manchmal ein bisschen schmuddelig, und reservieren kann man auch nicht. Daher muss man an Samstagen vor vielen Restaurants mit langen Schlangen rechnen, und auch am Sonntagvormittag, wenn die New Yorker in Scharen zum Dim-Sum-Brunch **50 Dinge** ⑰ › **S. 14** nach Chinatown pilgern, ist es recht voll. Zu den beliebtesten Dim-Sum-Lokalen gehören **Dim Sum Go Go** ❹ [e2] (5 E. Broadway/ Oliver St.), **Golden Unicorn** ❺ [e2] (18 E. Broadway, zw. Market/Catherine Sts.) und **Mandarin Court** ❻ [d2] (61 Mott St., Nähe Bayard St.).

Stände mit exotischen Lebensmitteln säumen die Straßen Chinatowns

Centre Street [d2/3]

Im Südwesten von Chinatown und zu Füßen der Brooklyn Bridge liegt das Civic Center, New Yorks Verwaltungszentrum, dessen Gesicht von Regierungsgebäuden geprägt wird. Verwaltungs- und Gerichtsgebäude säumen auch seine Hauptschlagader, die Centre Street. Im **Criminal Courts Building** 23 [d2] (100 Centre St.) findet Justitia nie Ruhe: Die ganze Nacht hindurch tagt der Night Court **50 Dinge** ㉓ › **S. 15**. Man kann zusehen, wie Verhaftete dem Richter vorgeführt werden, der entscheidet, ob sie in die Zelle müssen.

In südlicher Richtung mündet die Centre Street in den **Foley Square,** dessen Name ein Synonym für New Yorks Gerichtswesen ist. Im Westen liegt die **Federal Plaza** mit dem Jacob K. Javits Federal Building, im Osten das **U. S. Court House,** das Bundesgericht. An der Südspitze des Platzes erhebt sich die **The Hall of Records** 24 [d3], die im Jahr 1911 gebaut wurde und zu den schönsten Beaux-Arts-Gebäuden New Yorks zählt. Acht korinthische Säulen dominieren die Fassade; Skulpturengruppen und Statuen setzen Akzente. Der Inhalt ist nüchterner als die Form: Neben dem Stadtarchiv ist hier das Nachlassgericht *(Surrogate's Court)* untergebracht.

Chambers Street [b–d3]

An der Ecke Centre/Chamber Streets ragt das **Municipal Building** 25 [d3] auf, eines der größten Regierungsgebäude der Welt (1 Centre St.). Es wurde 1914 erbaut, um Platz für den rasant angewachsenen Verwaltungsapparat der Stadt zu schaffen.

Das Architektenteam McKim, Mead und White lieferte den Entwurf für das imposante Beaux-Arts-Gebäude, dessen Spitze die vergoldete Skulptur »Civic Virtue« krönt.

In Richtung Westen führt die Chambers Street am Old N. Y. County Courthouse vorbei, das die New Yorker als **Tweed Courthouse** `26` [c3] kennen (52 Chambers St.). Es wurde von einem korrupten Politiker namens Tweed erbaut, der es geschickt verstand, öffentliche Gelder in die eigenen Taschen fließen zu lassen.

City Hall Park [c3]

Im 18. Jh., als sich das Leben in Manhattan noch ausschließlich auf der Südspitze der Insel abspielte, diente die heute City Hall Park genannte Grünfläche zwischen Broadway, Park Row und Chambers Street als Gemeindeland. Es gehörte allen und wurde als Weidefläche oder für Versammlungen und Militärübungen genutzt. Als New York Anfang des 19. Jhs. nach Norden expandierte und seine Bewohner wieder einmal ein neues Rathaus brauchten, wählten sie diese Fläche als Baugrund.

1812 wurde die **City Hall** `27` [c3] eingeweiht. Dass der Amtssitz des Bürgermeisters und des Stadtrats noch heute seine ursprüngliche Funktion erfüllt, ist ein Wunder angesichts des New Yorker Verschleißes an Rathäusern. Erst 1956 entschloss man sich, das Gebäude von Grund auf zu restaurieren und so eines der schönsten historischen Bauwerke der Vereinigten Staaten zu erhalten. So sehr man um eine originalgetreue Renovierung bemüht

war – um eine Änderung kam man nicht herum: die Nordseite und die Fassade mit demselben Material einzukleiden (Alabama-Kalkstein). Für die Südseite hatte man Anfang des 19. Jhs. edlen Marmor gewählt, während für die Nordseite billiger Backstein genügen musste. »Es werden doch nur ein paar Dorftrottel im Norden wohnen ...« – so die damalige Überzeugung (geführte Touren fast jeden Mi 12 Uhr).

Woolworth Building `28` ⭐ [c3]

Am Broadway (Nr. 233) steht dieses Gebäude, das den Architekten Cass Gilbert weltberühmt gemacht hat. F. W. Woolworth ließ den neogotischen Geschäftstempel zwischen 1910 und 1913 erbauen – sich selbst und seinen Kaufhäusern zum höheren Ruhm. Erklärte Absicht war es, den Met Life Tower an Höhe um 15 m zu übertrumpfen.«

In der prächtigen dreistöckigen Eingangshalle, die eine blau, grün und golden schimmernde Mosaikdecke überspannt, sitzt Woolworth höchstpersönlich unter der Balkonbrüstung, karikiert als seine Pfennige zählender Gnom. Ihm gegenüber kauert Cass Gilbert mit einem Modell des Gebäudes im Arm. Nach langer Pause gibt es nun wieder Führungen durch die Lobby (nur nach Anmeldung, 30/60/90 Min. 20/30/45 $, www.woolworthtours.com).

8 Spruce Street `29` [d3]

Als »New York by Gehry« wird dieses Apartmenthochhaus vermarktet, das mit 256 m Höhe bei seiner Eröff-

Kathedrale des Kommerzes: das Woolworth Building

nung 2011 nicht nur der höchste Wohnturm New Yorks, sondern der gesamten westlichen Hemisphäre war. Frank Gehry hat mit diesem interessanten Gebäude, dessen am Computer entworfene »Kräuselfassade« aus mehr als 10 500 Einzelteilen besteht, einen neuen Akzent in der Skyline Manhattans gesetzt. Besonders schön wirkt der elegante Bau natürlich von Weitem, etwa von Brooklyn aus gesehen, wo man ❗ das Spiel des Lichts mit den Edelstahlpaneelen der Fassade bewundern kann. Aus der Nähe betrachtet fällt auf, dass der Turm auf einem wenig schmucken Backsteinsockel ruht, der u. a. eine Schule beherbergt. Ein Kompromiss, der den New Yorker Baugesetzen entspringt – er brachte dem Bauherrn finanzielle und auch räumliche Vorteile.

BROOKLYN

Kleine Inspiration

- **Auf den Spuren berühmter Schriftsteller** wandeln – in den baumbestandenen Straßen von Brooklyn Heights mit ihren hübschen Ziegelvillen › S. 92
- **Sich im Henry Street Ale House** in der entspannten Atmosphäre eines Nachbarschaftstreffs durch über ein Dutzend Biersorten probieren › S. 95
- **Über die Brooklyn Bridge** nach Downtown Manhattan zurück-spazieren und neben dem grandiosen Blick auf die Skyline auch die technischen Details dieses Wunderwerks der Brückenbaukunst bewundern › S. 96

**New Yorks größter Borough hat wesentlich mehr
zu bieten als den Blick auf Manhattans Skyline –
z. B. kleinstädtisches Idyll in Brooklyn Heights und eine
lebendige Kunstszene in DUMBO.**

Wenn Brooklyn irgendwo anders auf dem amerikanischen Kontinent läge – wie würden die Reiseführer es preisen: Sterne fürs Museum und den Prospect Park, lange Beschreibungen der ethnischen Vielfalt, Routen durchs jüdische Williamsburg, durch Little Arabia, durchs russische Little Odessa. Als kleinstädtisches Juwel aus dem 19. Jh. würde man Brooklyn Heights rühmen und sogar für Coney Island, das trotz Revitalisierung seine besten Tage vermutlich hinter sich hat, fänden sich lobende Worte.

Viertgrößte Stadt des Landes, das wäre Brooklyn. Sitz internationaler Unternehmen, eine florierende, selbstbewusste Metropole mit 2,6 Mio. Einwohnern.

Die Realität sieht anders aus. Brooklyn ist keine Stadt, sondern seit 1898 ein Teil von Greater New York. Einer von fünf *boroughs,* der größte zwar, aber das nützt nichts. Denn vor den Augen der großen Schwester tanzt die kleine. Setzt sich in Szene, leuchtet, schillert, zieht die Aufmerksamkeit der ganzen Welt auf sich. Brooklyn liefert, was die Diva für ihre Selbstdarstellung braucht: Hier wohnen die Unter- und Mittelschichtler, die jenseits des East River arbeiten, hier haben die

Handwerker, die in Manhattan verstopfte Rohre reinigen und Kakerlaken vernichten, ihre Werkstätten und Lagerflächen.

Brooklyn ist für die Banalitäten zuständig, ohne die Urbanität nicht möglich ist, und Banalität kennzeichnet den Großteil des Viertels. Breite Straßen durchschneiden einförmige Wohnblöcke, Brooklyn hat keine spektakulären Hochhäuser, keine Skyline und das Sehenswerte, das es gibt, nimmt kaum jemand wahr.

Das Bessere ist der Feind des Guten. Armes Brooklyn. Kein Wunder, dass die große Schwester der Diva unter Minderwertigkeitskomplexen leidet. Da mag es ein Trost sein, dass Brooklyn seit einigen Jahren als gute Adresse für die Jungen, Kreativen gehandelt wird. Die Diva treibt es zu bunt und vertreibt durch hohe Immobilienpreise jene, die zu ihrem Glanz nicht unwesentlich beitragen: die Künstler. Die zogen erst nach Williamsburg, wo die Mieten inzwischen aber fast so hoch sind wie in Manhattan, dann ins Viertel Bushwick, wo Galerien und Ateliers noch bezahlbar sind. Top-Verdiener zieht es nach Brooklyn Heights, nicht nur, weil man dort so idyllisch lebt wie im West Village. Die Gegend hat noch einen anderen Trumpf, der die Mieten in die Höhe treibt: der Blick. Wohin? Natürlich auf Manhattan. Armes Brooklyn!

Brooklyns Brownstone-Häuser sind begehrte Wohnadressen

Tour in Brooklyn

Brooklyns schönste Seite

Verlauf: Brooklyn Borough Hall › New York Transit Museum › Brooklyn Heights Historic District › Brooklyn Heights Esplanade › DUMBO › Brooklyn Bridge

Karte: Seite 93
Dauer: 5–6 Std.
Praktische Hinweise:
- **Start** Ⓢ Borough Hall (U-Bahnlinien 2, 3, 4, 5)
- **Ziel** Ⓢ Brooklyn Bridge, City Hall (U-Bahnlinien 4, 5, 6)

Tour-Start: Brooklyn Borough Hall **1** [E12]

Hier, am östlichen Ufer des East River, begann der Aufstieg des ehemals holländischen Dorfes Breuckelen, das 1834 zur City of Brooklyn wurde – sehr zum Missfallen von New York City, das keine zweite Stadt neben sich dulden wollte. Damals war Brooklyn mit seinen knapp 16 000 Einwohnern aber keine wirkliche Konkurrenz, in Manhattan lebten zu diesem Zeitpunkt rund 200 000 Menschen. Doch mit dem Ausbau der Eisenbahn ab 1863 wuchs Brooklyn, gemeindete andere ehemalige Dörfer ein und bot den vielen Immigranten, die mit den zwei großen Einwanderungswellen im 19. Jh. ins Land strömten, eine neue Heimat.

Als Brooklyn zur Stadt wurde, brauchte es ein repräsentatives Rathaus, das zwischen 1846 und 1851 im damals modernen Greek Revival Style erbaut wurde. 1898 war es vorbei mit dem Stadt-Status – und die City Hall wurde zur Borough Hall degradiert (209 Joralemon St.).

New York Transit Museum **2** [E12]

Wer sich bereits beim Verlassen der U-Bahn an den dekorativen Elementen erfreut hat, die die Station schmücken, sollte diesem unterirdischen Museum einen Besuch abstatten. Es ist in einer stillgelegten Metrostation aus den 1930er-Jahren untergebracht; die kleine, aber gut präsentierte Ausstellung dokumentiert die Geschichte der Subway und des Öffentlichen Verkehrswesens in New York. Für Kinder interessant: Viele der historischen U-Bahn-Wagen können auch von innen besichtigt werden (Boerum Place, Di–Fr 10–16, Sa, So 11–17 Uhr, www.nytransitmuseum.org).

Brooklyn Heights Historic District **3** [E12]

Über die Schermerhorn Street spaziert man nun nach Westen und beginnt mit der Erforschung des hübschen Brooklyn Heights Historic District, der sich zwischen dem East River, Fulton Street, Court Street und Atlantic Avenue erstreckt und in dem mehr als 600 Häuser unter Ensembleschutz stehen, die vor 1860 erbaut wurden. Hier wird schnell der Weg das Ziel, man verliert sich in den baumbestandenen, gepflasterten Straßen und kann fernab der Hektik Manhattans Idyll pur genießen.

Wer zielstrebiger vorgehen und sich näher mit Brooklyn beschäftigen möchte, folgt der Clinton Street nordwärts und besucht die **Brooklyn Historical Society** 4 [E12], die in einem schmucken, jüngst umfassend renovierten Gebäude im Queen-Anne-Stil Wechselausstellungen zur Stadtteilgeschichte zeigt (128 Pierrepont St., Museum Mi–So 12–17, Bibliothek Mi–Sa 13–17 Uhr, 10 $, www.brooklynhistory.org).

Tour in Brooklyn

Tour 4

Brooklyns schönste Seite

1 Brooklyn Borough Hall
2 New York Transit Museum

3 Brooklyn Heights Historic District
4 Brooklyn Historical Society

5 Brooklyn Heights Esplanade
6 DUMBO
7 Brooklyn Bridge

Der Brooklyn Bridge Park bietet wunderbare Ausblicke auf die Skyline Manhattans

Literaten in Brooklyn

Brooklyn Heights war – als die Immobilienpreise noch nicht die heutigen schwindelerregenden Höhen erreicht hatten – ein Viertel, in dem sich die Literaten wohlfühlten: So lebte der gebürtige Brooklyner Henry Miller in 91 Remsen St., sein Kollege Arthur Miller ist gleich mit mehreren Adressen präsent: Seine erste Brooklyner Wohnung befand sich in 62 Montague St., in 31 Grace Court schrieb er das Drama »Tod eines Handlungsreisenden«, in 102 Pierrepont St. bewohnte er in den 1940er-Jahren dasselbe Haus wie der damals noch unbekannte Norman Mailer. Besonders schön residierte Miller in 155 Willow St., jener Straße, der man nun nach Norden folgt, vorbei am Haus Nr. 70, in dem Truman Capote lebte und »Frühstück bei Tiffany« schrieb.

Von der Willow Street biegt man links in die Orange Street und spaziert auf den von hübschen Brownstone-Häusern gesäumten Columbia Heights in Richtung Süden, vorbei an Haus Nr. 142, das der inzwischen arrivierte Norman Mailer 1962 erwarb. 1979 musste er das Untergeschoss allerdings verkaufen, um die Unterhaltskosten für fünf geschiedene Ehefrauen und sechs Kinder – jährlich rund 93 000 $ – bezahlen zu können.

Brooklyn Heights Promenade 5 ⭐ [D12]

Auf der Höhe der Pierrepont Street wendet man sich nach rechts und gelangt zur Brooklyn Heights Promenade, bis 1950 als »Esplanade« angelegt, um das angrenzende Viertel vom Lärm des Brooklyn-Queens Expressway abzuschirmen. Hier geht es besonders lebhaft zu, wenn die Menschen ihren Büros in Manhattan entflohen sind und am Abend ihre Joggingrunden drehen oder auf den Bänken sitzen und den Sonnenuntergang genießen. Die grandiose Kulisse für das Spektakel liefern die Brooklyn Bridge im Norden und die Skyline Manhattans.

DUMBO 6 [E11]

Nach dem Spaziergang entlang der Esplanade biegt man auf der Höhe von Orange Street nach rechts ab und folgt Columbia Heights Richtung Norden. Dort, zwischen Brooklyn Bridge und Manhattan Bridge, liegt DUMBO (**D**own **u**nder the **M**anhattan **B**ridge **O**verpass). Das Viertel wurde Ende der 1970er-Jahre von Künstlern entdeckt, die sich SoHo nicht mehr leisten konnten und in den leer stehenden Hafen- und Industriegebäuden Studios und Galerien einrichteten. Die Kunstszene ist noch lebendig, wovon man sich bei einem Besuch in der **Smack Mellon Gallery** (92 Plymouth/Washington Sts., Mi–So 12–18 Uhr, www.smackmellon.org) oder in der **A. I. R. Gallery** (155 Plymouth St., Mi–So 12–18 Uhr, www.airgallery. org) überzeugen kann. Auch nette Kneipen gibt es zahlreich, wie z. B. die **68 Jay Street Bar,** untergebracht in einem alten Lagerhaus der Grand Union Tea Company an eben dieser Adresse, oder das **Henry Street Ale House,** wo man die Wahl unter mehr als einem Dutzend ausgefallener Fassbiersorten hat (62 Henry St.).

2007 wurde das Viertel zum Historic District erhoben, insgesamt ist abzusehen, dass DUMBO dasselbe Schicksal der Gentrification droht wie SoHo und anderen ehemaligen Künstlervierteln. Zwischen Brooklyn und Manhattan Bridge entstand ein fast 2 km langer Park direkt am Wasser, die alten Industriegebäude wichen Apartmenthäusern für jene, die den Blick auf Manhattan teuer bezahlen können.

Ein für jedermann erschwingliches Vergnügen bietet **Bargemusic**. Die Violinistin Olga Bloom erwarb einen stillgelegten Lastkahn, der nun am Fulton Ferry Landing liegt und zum schwimmenden Musiksaal umgewandelt wurde. Dort finden vor der abendlichen Kulisse Manhattans Kammermusik- und Jazzkonzerte statt (Programm und Ticketreservierung unter Tel. 718-624-4924, www.bargemusic.org, ab 35 $).

Zwischenstopp: Restaurants

Teuer bezahlt, aber überwältigend ist der Blick, den man vom **River Café** ❶ €€€ [D11] genießt (1 Water St., Tel. 718-522-5200, http://therivercafe.com, rechtzeitig reservieren). Für ein romantisches Dinner zu zweit gibt es keinen schöneren Flecken! Eine preiswertere Alternative ist **Grimaldi's Pizza** ❷ €−€€ [E11] (1 Front St., Tel. 718-858-4300, www.grimaldis-pizza.com). Hier wird klar, warum Brooklyn für seine Pizza-Kreationen im ganzen Land berühmt ist. Wer Süßes liebt, wird beim

Chocolatier Jacques Torres [E11] (66 Water St.) alles vergessen, was er je über Kalorienzählen gelernt hat, und dann ist da ja auch noch die **Brooklyn Ice Cream Factory** ❸ [D11] (Old Fulton/Water Sts.) mit dem besten Eis weit und breit ... 50 Dinge ⑬ › S. 13.

Brooklyn Bridge 7 [D11] ⭐

Der Rückweg nach Manhattan führt über die Brooklyn Bridge (Zugang zum Fußgängerbereich über eine Treppe: Prospect Street, zwischen Cadman Plaza East und West). Der Blick auf den Fluss, die Brücken und die Skyline Manhattans ist atemberaubend und auch die technischen Details dieses Wunderwerks der Brückenbaukunst verdienen Beachtung. Für den Entwurf zeichnete der gebürtige Thüringer Johann August Röbling verantwortlich; nachdem er während der Arbeiten zu Tode gekommen war, übernahmen sein Sohn Washington und dessen Frau Emily Warren Roebling die Bauleitung. Sie vollendete das Bauwerk schließlich 1883 für ihren an den Rollstuhl gefesselten Mann. 20 Jahre lang war die Brooklyn Bridge die längste Hängebrücke der Welt.

Auf der Brücke verlaufen sechs Fahrspuren. Oberhalb der Fahrbahn befindet sich ein separater Überweg für Radfahrer und Fußgänger. Er führt zum City Hall Park und zur U-Bahn-Station Brooklyn Bridge, City Hall. Der lohnende Spaziergang dauert etwa 40 Min.

Grüne Oase auf ehemaliger Hochbahn-Trasse: der High Line Park

VILLAGES UND KÜNSTLER-VIERTEL

Kleine Inspiration

- **Clubbing** im Meatpacking District mit den Schönen, Berühmten und Reichen › S. 106
- **Die kleinstädtische Seite** der Megalopolis erleben – in Bedford Street und Grove Court › S. 108
- **Luxus pur** im Prada Flagshipstore genießen, der vom Stararchitekten Koolhas gestaltet wurde › S. 111

Einwanderer und Künstler prägten das Bild dieser lebendigen Neighbourhoods, in denen man beim Bummeln kaum bedeutende Sehenswürdigkeiten, dafür aber nette Lokale und originelle Geschäfte entdeckt.

Für New Yorker Taxifahrer ist sie ein Albtraum: die Gegend zwischen 14th und Houston Street, Hudson River und 4th Avenue/Bowery. Für alle anderen, die in Greenwich Village wohnen, studieren, flanieren, Straßenmusikern lauschen oder die Restaurant- und Barszene genießen, ist dieses Viertel ein Paradies. Grün, kleine Straßen mit altem Baumbestand, hübsche Häuser, die nicht in den Himmel wachsen, eine Enklave mit kleinstädtischem Flair in dieser Stadt, die andernorts durch ihren Gigantismus beeindruckt und zuweilen erschlägt.

Der Taxifahrer aber will nicht genießen. Er will ankommen. Darauf ist er programmiert: Ganz gleich aus welchem Teil der Welt er kommt, man schiebt ihm bei der Taxiprüfung einen Chip ins Hirn mit einem Rastermuster: Straße kreuzt Avenue. Im Village funktioniert das nicht. Da tragen die Straßen Namen und keine Nummern. Machen, was sie wollen: schneiden einander in unorthodoxen Winkeln, krümmen sich – kurz, sie verlaufen so, wie sie natürlich gewachsen sind. Denn das Village war tatsächlich mal ein Dorf, bebaut und besiedelt, bevor die Stadtväter 1811 ihr Rastermuster über Manhattan zogen. Hierhin fuhren die New Yorker schon im 18. Jh. zur Sommerfrische; hierher flüchteten sie im 19. Jh., als Choleraepidemien in der damaligen City wüteten. Viele blieben für immer.

Als die großen Einwanderungswellen einsetzten, fanden auch zahlreiche Immigrantenfamilien im Village eine billige Unterkunft. Das Dorf war nicht mehr idyllisch und fast wäre es zum Slum verkommen, hätten sich nicht die Künstler zu Beginn des 20. Jhs. seiner angenommen.

Einwanderer und Künstler: Dieses Thema zieht sich durch die gesamte Geschichte der Gegend zwischen 30th und Canal/Grand Streets. SoHo und TriBeCa: früher Lagerhallen und Fabrikgebäude. Die Lower East Side: früher der am dichtesten besiedelte Slum der Welt.

Nirgendwo in New York gibt es mehr Galerien als in Chelsea

Entlang dem Hudson-Ufer zogen sich die Zweckgebäude jener hin, die die Stadt mit Lebensmitteln aller Art versorgten. Reste blieben bis vor Kurzem im Meatpacking District erhalten.

Was sich in all diesen Vierteln abspielte, nennt man Gentrification: Künstler entdecken ein heruntergekommenes, billiges Viertel und richten ihre Arbeitsstätten dort ein. Ihnen folgen Galeristen, Restaurantbesitzer, Immobilienmakler … Das Viertel wird zum In-Spot, we-

der die Künstler noch die alten Einwohner oder Geschäftsleute können sich die Mieten noch leisten. Die Künstler wandern weiter und machen das nächste Viertel urbar.

Eingefleischte New Yorker beobachten die Folgen mit Wut und Trauer: die Stadt verliert ihre Brüche und Reibungsflächen. Für Außenstehende sieht das anders aus. Touristen lieben SoHo als große Shopping Mall; durch ehemalige No-Go-Areas wie die East Side ziehen heute Nachtschwärmer.

Touren in den Villages

 ## Union Square und Chelsea

Verlauf: Union Square › Flatiron Building › Madison Square Park › Chelsea › Meatpacking District › Whitney Museum of American Art

Karte: Seite 100
Dauer: 5 Std.
Praktische Hinweise:
- **Start** Ⓢ 14th St.–Union Square (U-Bahnlinien 4, 5, 6, L, N, Q, R)
- **Ziel** Ⓢ 14th St./8th Ave. (U-Bahnlinien A, C, E)
- Diesen Spaziergang sollte man am Mo, Mi, Fr oder Sa unternehmen, wenn die Farmer aus dem Umland auf dem Union Square ihre Stände aufbauen. Hier kann man sich mit Backwerk und Obst für ein Frühstück im nahen Park eindecken.

Tour-Start:
Union Square **1** [C9]

Als Manhattan 1811 den Rasterplan erstellte, der den gitterförmigen Verlauf der Straßen festlegte, gab es ein Problem: den Broadway. Er hielt sich an keine Rasterregeln. Quer schneidet er durch die Insel und überall dort, wo er die Avenues kreuzt, entstanden kleine Plätze. Wie z. B. der Union Square, der seinen Namen der Tatsache verdankt, dass sich hier der Broadway und die Bowery vereinten.

1861, nach dem Fall von Fort Sumter im Bürgerkrieg, sah der Union Square die größte Menschenmenge, die bis dahin je zu einer Kundgebung zusammengeströmt war. Seine Funktion als Versammlungsplatz behielt er bis heute bei – nach den Anschlägen vom 11. September 2001 trafen sich hier die Trauernden.

Touren in den Villages

Tour 5

Union Square und Chelsea

1. Union Square
2. Theodore Roosevelt Birthplace
3. Gramercy Park
4. Flatiron Building
5. Madison Square Park
6. Chelsea Hotel
7. Empire Diner
8. Chelsea Piers
9. IAC Headquarters Building
10. High Line
11. Whitney Museum of American Art

Tour 6

West Village und SoHo

12. Christopher Park
13. White Horse Tavern
14. Grove Court
15. St. Luke's Place
16. Haughwout Building
17. Little Singer Building

0   0,2 Meilen

0   0,2 Kilometer

Ⓢ Subway (U-Bahnstation)

●●● High Line begrünt

Tour ⑦

Greenwich Village, East Village und LES

Treffpunkt von Straßenkünstlern, Geschäftsleuten und Demonstranten: Union Square

Der kleine Park auf dem großen Platz war Privatbesitz, als Union Square noch eine feine Adresse war. Von Obdachlosen okkupiert, durchlief er eine Renovierungsphase, die ihn wieder zu einem Zentrum urbanen Lebens machte. Ein Café im Freien ist zum beliebten Treffpunkt geworden; ein Pavillon aus den 1930er-Jahren erstrahlt in neuem Glanz. Neu bebaut wurde auch das Grundstück 33 Union Square West, wo sich ab 1968 Andy Warhols legendäre Factory befand.

Zwischenstopp: Restaurants

In die umliegenden Häuser zogen mehrere ausgezeichnete Restaurants, z. B. der auf Fisch spezialisierte **Blue Water Grill** ❶ €€–€€€ (31 Union Sq. W., Tel. 212-675-9500, www.bluewatergrill nyc.com) und das **Union Square Café** ❷ €€–€€€ (101 E. 19th St., Tel. 212-243-4020, http://unionsquarecafe.com) mit amerikanisch-italienischer Küche.

Shopping

Mo, Mi, Fr und Sa kommen die Farmer aus dem Umland und bieten auf dem **Greenmarket** ❗ ihre ökologischen Erzeugnisse an (8–18 Uhr). Im Century Building von 1881 an der Nordseite des Union Square befindet sich ein Buchladen von **Barnes & Noble** (33 E. 17th St.).

Neuer Look für den Broadway

New York soll lebenswerter und fußgängerfreundlicher werden. Das hatte sich Bürgermeister Bloomberg fest vorgenommen und er setzte dabei auch Akzente auf der berühmtesten Straße der Stadt. Nördlich des Union Square wurde die Straßenführung verändert und Raum für Fußgänger, Skater, Radfahrer geschaffen. Erste, aber nicht die einzigen Ansätze, um den Broadway wieder zu einer Flaniermeile zu machen.

Auf der Höhe der 20th Street führt der Weg nach rechts und vorbei am

Theodore Roosevelt Birthplace 2 **[C9]**, dem Geburtshaus des 26. Präsidenten der USA (28 E. 20th St., Di–Sa 9–17 Uhr, www.nps.gov/thrb). Jenseits der Park Avenue South liegt der **Gramercy Park Historic District.**

Gramercy Park 3 [D9]

Den hübschen Park kann man nur als Zaungast betrachten: Er ist Privatbesitz der Anwohner, die ihn auch pflegen und für die Erhaltung des Bürgersteigs aus blauem Tonsandstein sorgen. Zugang haben außer ihnen nur Gäste des Gramercy Park Hotel. Die Architekten, die dieses Viertel im 19. Jh. errichteten, hatten Europa im Blick: **!** Die schmucken Backsteinhäuser, die den Square säumen, könnten ebenso in England stehen. Ebenfalls sehenswert: der Häuserblock zwischen Irving Place, 3rd Avenue, 18th Street und Gramercy Park South, der wegen seiner schönen Architektur aus den 1920er-Jahren auch **Block Beautiful** genannt wird.

Zwischenstopp: Restaurant

Pete's Tavern 3 €€ **[D9]**
Pete's gibt es seit 1864, es konkurriert mit McSorleys um den Ruf als älteste original erhaltene Kneipe der Stadt. Hier war schon O. Henry Stammgast.
- Tel. 212-473-7676
  129 E. 18th St./Irving Place
  www.petestavern.com

Flatiron Building 4 ⭐ [C9]

Das Flatiron Building (175 5th Ave.) mit seiner ungewöhnlichen Keilform war einer der ersten Wolkenkratzer in New York (Daniel H. Burnham, 1902) und einer der ersten Bauten, bei denen man die neue Stahlskelettbauweise verwendete. Stabilität war somit trotz der Höhe von 87 m gewährleistet, aber die New Yorker trauten dem Frieden nicht. Sie waren sicher, dass der Bau den ersten Sturm nicht überstehen würde. Trotz dieser Befürchtungen zog das Gebäude die Männer in Scharen an: Die Luftströmungen am Fuß des

> **! Erstklassig**
>
> ### Bunte Wochenmärkte
>
> - **Union Square Greenmarket:** Der größte und bekannteste Markt Manhattans für ökologisch angebaute Lebensmittel › S. 102.
> - **Columbia University Greenmarket [B3]:** Frische Erzeugnisse von Farmen aus dem Hudson Valley, auch Schinken und Käse. Broadway (zw. W. 114th und W. 116th Sts.) Do, So 8–17 Uhr
> - **Abingdon Square Greenmarket [C9]:** Die kleine West-Village-Alternative zum großen Markt auf dem Union Square. Eine Nachbarschaftsinstitution und dadurch sehr familiär. Hudson/W. 12th St. Sa 8–14 Uhr
> - **125th Street Fresh Connect Farmers Market [C2]:** Markt mit umfangreichem Rahmenprogramm von Kochdemonstrationen über Weinverkostungen bis hin zu Yogakursen. 163 W. 125th Street Di 10–19 Uhr

Turms ließen die Röcke der Damen fliegen und auf der 23rd Street wurde eigens ein Polizist platziert, um die Gaffer zu verscheuchen.

Madison Square Park 5 [C8]

Hier standen einst die berühmten Madison Square Gardens. Es gab deren zwei: Der erste war ein aufgelassenes Eisenbahndepot, das der Zirkusunternehmer P. T. Barnum im Jahr 1871 als Hippodrom nutzte. Der zweite Bau wurde 1890 von Stanford White entworfen und war ein wahrer Palast mit Theater, Konzerthalle, Dachgarten und Restaurant. Der Architekt fand übrigens auf der Dachterrasse seines eigenen Werks ein tragisches Ende: Der notorische Schürzenjäger wurde 1906 von einem betrogenen Ehemann erschossen. Neun Jahre später wurde das Gebäude abgerissen, um Platz zu machen für das **New York Life Insurance Building,** ein Werk von Cass Gilbert (51 Madison Ave.).

Die Schauseite des Parks ist die Ostseite. Hier thront ein Gebäude, das aussieht wie ein griechischer Tempel: die **Appellate Division of the New York State Supreme Court** (1896–1900).

Nightlife

230 Fifth [C8]
Rooftop-Bars sind der Hit in Manhattan. Mit 1000 m² ist 230 Fifth (Ecke 27th St.) eine der ersten Adressen. Die Drinks sind zwar sündhaft teuer, **!** aber der Blick, vor allem bei Nacht, ist einfach grandios **50 Dinge ⑭ › S. 13.**
• www.230-fifth.com

Chelsea

Dieses Viertel, das sich westlich der 6th Avenue zwischen 30th und 14th Streets erstreckt, wurde in den 1980er-Jahren zur neuen Heimat der Künstler und Galeristen, die aus dem zunehmend kommerzieller werdenden SoHo flohen und sich im Umfeld des (heute nicht mehr hier ansässigen) Dia Center for the Arts niederließen. Auch die schwule Gemeinde entdeckte Chelsea als ihr neues Zentrum. In den 1990er-Jahren gehörte Chelsea zu den angesagtesten Vierteln für exzentrische Nachtschwärmer: Die schrille Szene traf sich im Meatpacking District, wo die Transvestiten ihre Körper und Dienste anboten und, wenn die letzten Gäste aus den Clubs gekehrt wurden, die ersten Metzger blutige Rinderhälften an Haken hingen.

Nach der Kommerzialisierung des Meatpacking District verlagerte sich die Szene 2001 nach Norden, die 27th Street wurde zur Club Row. Als diese Partymeile als Teenager-Suffgebiet in die Schlagzeilen kam, wendeten sich die Nachtschwärmer von der Club Row ab. Anstatt dass sich aber ein neues Clubviertel in der Gegend etablierte, kehrte die Szene beinahe schon reumütig in den Meatpacking District zurück.

Chelsea Hotel 6 [C9]

Eine Institution im Viertel war das Chelsea Hotel (222 W. 23rd St., zw. 7th/8th Aves.), das inzwischen seit Jahren wegen »Renovierungsarbeiten« geschlossen ist. Kaum jemand hofft noch auf eine Wiedereröffnung. Der 1884 errichtete Bau besticht durch seine Architektur und vor allem durch seine Geschichte: Seit 1905 diente das ehemalige Apartmenthaus als Hotel und seine Gästeliste liest sich wie das »Who's Who« der Künstler, Literaten und Musiker: Neben Mark Twain und Tennessee Williams logierten hier Jane Fonda, Jackson Pollock, Bob Dylan, Jimi Hendrix, Milos Foreman, Arthur Miller … Im Chelsea entstanden Romane und Kurzgeschichten, spielten sich Tragödien und Verbrechen ab.

Shopping

Auch wenn man nicht vorhat, einen antiken Schrank nach Europa zu verschiffen – ein Besuch des **Showplace Antique & Design Center** [C8] (40 W. 25th St.) lohnt allemal, denn hier findet man beim Stöbern auch Kleinigkeiten, die ins Handgepäck passen. Neue und gebrauchte Gitarren, teils aus prominentem Vorbesitz, gibt es bei **Dan's Chelsea Guitars** [C9] (224 W. 23rd St.).

22nd Street

Die 22nd Street lädt zu einem Galerienbummel ein – über angesagte Adressen informiert die Webseite http://chelseagallerymap.com. Unter die Galerien mischen sich auch immer mehr Nobelboutiquen.

Das aus unzähligen Kinofilmen und als Hangout der Stars bekannte **Empire Diner** **7** €€ [B9] hatte 2010 nach Jahrzehnten geschlossen, eine Wiedereröffnung als »Highliner« 2012 scheiterte, ebenso eine zweite unter dem alten Namen 2014. Nun will ein neuer Pächter, die 210 Empire LLC, den Versuch wagen, das

Wilde Partys und blutige Verbrechen haben das Chelsea Hotel zum Mythos gemacht

legendäre Lokal neu zu beleben, wobei das Äußere des Landmark Building unverändert bleiben soll (210 10th Ave., Eröffnung voraussichtlich Anfang 2017).

Am Hudson-Ufer

An den **Chelsea Piers** **8** [B9] kann man sich sportlich betätigen. Klettern, Skaten, Golfen, Segeln – das Angebot ist ungeheuer vielfältig. Die Piers, die sich über vier Landungsbrücken erstrecken, waren Anfang der 1990er-Jahre die Trendsetter in der Erschließung der alten Hafenanlagen, die bis dato vor sich hinbröckelten. Heute ist das Hudson-Ufer zum Hudson River Park avanciert und durch Rad- und Gehwege erschlossen, auf den alten Piers wurden Sport- und Erholungsflächen eingerichtet.

Fotos an einer Mauer zwischen Pier 60 und 61 illustrieren die Geschichte der Piers: Am 20. April 1912 legte hier die »Carpathia« mit den Überlebenden der »Titanic« an, von Tausenden von Menschen am Cunard-Pier erwartet. 1915 stach von Pier 54 das Passagierschiff »Lusitania« in See – es wurde vor der irischen Küste von einem deutschen U-Boot versenkt. 1198 Menschen kamen dabei ums Leben.

Am Hudson entlang spaziert man zur West 18th Street. Dort, an der Ecke 11th Avenue, erhebt sich ein beeindruckendes modernes Gebäude aus dem Jahr 2007: das **IAC Headquarters Building** 9 **[B9]**, dessen ❗ acht himmelwärts strebende Glasmodule an vom Wind geblähte Segel erinnern. Dies ist das erste Werk, das Stararchitekt Frank Gehry in New York errichten durfte (555 W. 18th St.).

Jüngster Coup beim Wettrüsten der New Yorker Museen: der Neubau des Whitney

Zwischenstopp: Restaurant

Chelsea Market [B9]

In den Räumen einer Großbäckerei von 1898 ist heute ein Food Court mit Shops und Restaurants untergebracht: Dort findet sich für jeden Geschmack etwas, das Ambiente stimmt ebenfalls. Empfehlenswert: **Friedman's Lunch** 4 € mit bodenständiger amerikanischer Küche.
• 75 9th Ave., zw. 15th/16th Sts.

Meatpacking District [B9]

Der Meatpacking District erstreckt sich südlich der 14th Street und westlich der 8th Avenue. Wo früher Fleischer ihrem blutigen Handwerk nachgingen, trifft sich heute am Abend alles, was in Manhattan schön und reich genug ist, um sich die teuren Restaurants und Clubs leisten zu können. Doch über den Status eines Nachtschwärmer-Treffs ist der Meatpacking District längst hinausgewachsen. Die High Line › **unten** hat sich zu einer der Top-Attraktionen New Yorks gemausert – und der Umzug des Whitney Museum of American Art in die einstige No-Go-Area verlieh dem Viertel gewissermaßen den Ritterschlag.

High Line 10 ⭐ [B8/9]

Bis 1980 ratterten auf der Hochbahntrasse Güterzüge – heute verlauft hier ein gartenarchitektonisch wunderbar gestalteter Grünstreifen **50 Dinge** 25 › **S. 15**, der sich von der Gansevoort Street mit einem Schlenker um das Zugdepot Hudson Yards bis zur 34th Street erstreckt. Privatleute hatten die Idee, die Stadt unterstützte sie und Manhattans Downtown ist um eine grüne Oase reicher. Dieser Park, der auf 10 m Höhe zum Radfahren, Flanieren oder einfach Faulenzen einlädt, hat der ganzen Gegend neue Impulse verliehen.

Whitney Museum of American Art [B9]

1929 von der wohlhabenden Gertrude Whitney Vanderbuilt als Museum plus Künstleratelier ins Leben gerufen, platzte das Whitney zuletzt aus allen Nähten. Die Sammlung amerikanischer Kunst seit 1900 war auf 22 000 Exponate angewachsen, im denkmalgeschützten Breuer-Bau konnte nur ein winziger Teil gezeigt werden. Ein neues Museumsgebäude sollte Abhilfe schaffen – den Auftrag erhielt Stararchitekt Renzo Piano. Die Kunst, darunter Werke von Whitney-Favoriten wie Edward Hopper und Georgia O'Keefe, nun in weiten luftigen Räumen zu sehen, riesige Fensterfronten eröffnen Blicke auf Manhattan und den Hudson River. Auch von außen zugängliche Terrassen laden zum Verweilen ein, ebenso ein Restaurant in der voll verglasten Lobby und ein Café im 8. Stock (9 Gansevoort St., Mi–Mo 10.30–18, Fr, Sa bis 22 Uhr, 22 $, www.whitney.org).

Nightlife

Zu den angesagtesten Clubs der USA gehören das **Cielo** (18 Little W. 12th St.) und das **Le Bain** auf dem Dach des Standard Hotel (444 W. 13th St.) – entsprechend lang sind die Warteschlangen und entsprechend anspruchsvoll die Türsteher, die nach nicht immer nachvollziehbaren Kriterien die Spreu vom Weizen trennen.

West Village und SoHo

Verlauf: Christopher Park › Stonewall Inn › White Horse Tavern › Grove Court › St. Luke's Place › SoHo Cast Iron District › Nolita

Karte: Seite 100
Dauer: 4–5 Std.
Praktische Hinweise:
• **Start** Ⓢ Christopher St./Sheridan Sq. (U-Bahnlinien 1, 2, 3)
• **Ziel** Ⓢ Prince St. (U-Bahnlinien N, Q, R)
• Diesen Spaziergang sollte man nicht am Morgen beginnen, am Vormittag ist im West Village nicht viel los.

Tour-Start: West Village

Der **Christopher Park** 12 [C9] ist der rechte Ort, um sich auf das westliche Village einzustimmen. George Segal schuf die Plastiken, die hier sitzen und stehen, je zwei gleichgeschlechtliche Pärchen. In Blickweite zum **Stonewall Inn** (53 Christopher St.), in dem Geschichte geschrieben wurde: Hier wehrten sich die schwulen Männer zum ersten Mal gegen die Razzien und Verhaftungen, die die Polizei regelmäßig durchführte – auf der Grundlage eines Gesetzes, das den Ausschank alkoholischer Getränke an Schwule verbot. Der Stonewall Riot fand am 28. Juni 1969 statt und war nicht nur für die Gay Community New Yorks ein Zeichen: Statt sich zu verste-

Erinnert an den Stonewall Riot: das Denkmal »Gay Liberation« im Christopher Park

cken, war nun Gay Pride angesagt, und das demonstrieren die Schwulen und Lesben heute in vielen Städten, wenn der Christopher Street Day gefeiert wird.

White Horse Tavern 13 [C9]

Um etwas Village-Atmosphäre zu schnuppern, spaziert man über die West 4th und 11th Streets bis zur Hudson Street. Hier liegt eine der legendärsten Bars der Stadt, die White Horse Tavern. In den 1950er- und 1960er-Jahren tranken hier Literaten wie Hunter S. Thompson, Norman Mailer und Dylan Thomas. Letzterer trank zu viel – nach einem Zechgelage in der White Horse Tavern starb er im St. Vincent's Hospital im Village (567 Hudson/W. 11th Sts.).

Shopping

Magnolia Bakery [C9]

Die Mutter aller Cupcake-Shops – von hier nahm der Trend im Jahr 2000 seinen Ausgang. Damals saß Carrie Bradshaw in einer »Sex and the City«-Folge auf einer Bank vor dem Laden und biss genüsslich in einen der köstlichen kleinen Kuchen.

• 401 Bleecker/W. 11th Sts.

Kleinstädtisches Idyll

Von der Hudson Street führt der Weg über Perry und Bleecker Streets zurück zur Christopher Street. Seit die schwule Gemeinde ihren Lebensmittelpunkt nach Chelsea verlagert hat, orientieren sich die Angebote in Christopher Street nicht mehr ausschließlich an deren Bedürfnissen. Es gibt zwar noch einige Gay Bars und einschlägige Geschäfte, aber insgesamt präsentiert sich die Straße als eine bunte Mischung von Restaurants, Cafés, Kneipen und Läden für jeden Geschmack. Ruhiger wird es, wenn man in die Bedford und dann rechts in die Grove Street abbiegt. Dort (Nr. 10–12) kann man einen Blick in den **Grove Court** 14 [C10] werfen, ein schmuckes Ensemble von sechs Stadthäusern, das O. Henry zum literarischen Schauplatz und Ort der Handlung seiner Kurzgeschichte »Das letzte Blatt« machte. Die Häuser Nr. 4–10 tragen Plaketten, die sie als Bauten des frühen 19. Jhs. ausweisen. Wenn man wieder zurück zur Bedford Street geht und dort rechts abbiegt, kommt man an einem unscheinbaren Haus (Nr. 86) vorbei, das es buchstäblich in sich hatte. Die Bierkneipe **Chumley's**

sieht noch aus wie im Eröffnungs-
jahr 1926, als sie während der Prohibition getarnt Gäste empfing.
2007 stürzte der Schornstein ein
und das Lokal wurde »für Renovierungsarbeiten« geschlossen – dabei
ist es leider bis heute geblieben.

Das Haus Nr. 75 1/2 hat nur eine
halbe Adresse, denn es ist auch nur
eine halbe Portion: Knappe 2,90 m
misst die Fassade von **New Yorks
Narrowest House.** Gleich nebenan
steht mit dem **Isaac Hendricks House**
das älteste erhaltene Wohnhaus in
Greenwich Village.

Über 7th Avenue und Leroy
Street gelangt man zum **St. Luke's
Place** 15 **[C10]**, einer Enklave im
Grünen: Die hübsche Häuserzeile
aus der Mitte des 19. Jhs., in der in
den 1920er-Jahren die literarische
Prominenz ein und aus ging, grenzt
an einen kleinen Park mit Sport-
und Kinderspielplätzen.

Zwischenstopp: Restaurant
Moustache 5 €€ **[C10]**
Das kleine preiswerte Lokal ist wegen
der gemütlichen Atmosphäre und der
köstlichen Küche einen Besuch wert: Spezialitäten aus dem Nahen Osten.
• 90 Bedford St., zw. Barrow/Grove Sts.
Tel. 212-229-2220

Shopping
Neben einer Riesenauswahl an Platten
und CDs finden Liebhaber von Musik-
Memorabilia alles, was sie schon immer
gesucht haben, bei **Village Music
World [C10]** (197 Bleecker St.). Schall-
platten aus den 1950er- bis 70er-Jahren
sind Spezialität des **House of Oldies**
[C10] (35 Carmine St.).

SoHo [C10]
Touristen lieben SoHo, und das aus
gutem Grund: Ein attraktiveres
Shoppingparadies hätten selbst Pro-
fis des Disney-Imperiums nicht ent-
werfen können. Kleine Geschäfte
mit großen Designernamen, dazwi-
schen etwas Kunst, Restaurants und
Cafés. Da muss man einfach bummeln und sich von Schaufenster zu
Schaufenster treiben lassen. Zumal
auch noch das Ambiente stimmt:
Wunderschöne alte Häuser säumen
die Straßen, bunt und akzentuiert
vom Zick-Zack der Feuerleitern.
Und auch das Etikett stimmt und
stimuliert: SoHo. Künstlerviertel.
Viel mehr als dieses Etikett ist
allerdings nicht geblieben – der
Kommerz hat eindeutig über die
Kunst gesiegt.

Raum für Kunst
Einige Kunstinstitutionen haben
SoHo immerhin die Treue bewahrt,
darunter die **Louis K. Meisel Gallery,**
bei deren Anblick »Sex and the
City«-Fans ein Déja-vu-Erlebnis haben werden: Hier arbeitete Charlot-
te. Da die Betreiber die Preise für
die Filmrechte ständig erhöhten –
erster Dreh 18 000 $, zweiter 28 000 $,
Angebot für den dritten 37 000 $ –
arbeitete sie allerdings nicht sehr
lang dort … (141 Prince St./W.
Broadway, www.meiselgallery.com).

In dem Gebäude 141 Wooster St.
ist seit 1980 Walter de Marias **Earth
Room** zu sehen. Bei der Land-Art-
Installation handelt es sich um ei-
nen 60 cm hoch mit Erde gefüllten
Raum (Mi–So 12–15, 15.30–18 Uhr,
Eintritt frei, www.diaart.org).

SPECIAL

SoHo Cast Iron District

Was die Architektur in SoHo betrifft, so darf man seinen Augen nicht trauen. Die sehen Ziegel, Marmorsäulen mit reich verzierten Kapitellen, monumentale Figuren, kunstvoll aus Stein geschlagen – und unterliegen damit einer perfekt inszenierten Täuschung. Denn das Material, aus dem SoHo gebaut ist, kam nicht aus der Ziegelei oder dem Steinbruch, sondern aus der Fabrik: Es handelt sich um Gusseisen *(Cast Iron)*.

Im 19. Jh. waren Gusseisenträger die einzig verfügbaren Elemente, mit denen man mehrgeschossige Bauten und große Hallen errichten konnte. Und das war genau das, was die expandierende Industrie New Yorks Mitte des 19. Jhs. brauchte: große, lichte Kontore, Lager- und Fabrikationshallen. Allerdings verbot der Zeitgeschmack zu zeigen, dass es sich hier um reine Ingenieurbauten handelte. Und so wurden die Säulen ornamentiert, die Fassadenplatten mit einem Anstrich versehen und insgesamt so gearbeitet, dass die Zweckbauten wie klassizistische Paläste wirkten.

Ein Großteil SoHos (zw. W. Broadway und Crosby, Canal/Howard und W. Houston Sts.) steht heute als **Cast Iron Historic District** unter Ensembleschutz.

Cast-Iron-Architektur ⭐

Besonders schöne Straßenzüge mit Cast-Iron-Bauten sind Broome und Greene Streets. An der Broome Street/Ecke Broadway liegt das **Haughwout Building** 16 [C10] von 1857. Es macht nicht nur, deutlich, welche ästhetischen Möglichkeiten die neue Bauweise eröffnete – die unendliche Reihung vorgefertigter Elemente und die Feinheit der Ornamentierung des gegossenen Eisens –, es war auch der erste Bau, in dem ein sicherer, damals noch dampfbetriebener Personenaufzug verkehrte. Der Lift war von Elisha Graves Otis konstruiert und eingebaut worden.

Zukunftsweisend war auch die Stahl-Glas-Terrakotta-Konstruktion des **Little Singer Building** 17 [C10] (561 Broadway/Prince St.), 1904 als Büro- und Lagerhaus der gleichnamigen Nähmaschinenfabrik erbaut. Seine großzügige Verglasung nimmt die durchgehenden Fensterfronten späterer Wolkenkratzer vorweg.

Zwischenstopp: Restaurants

SoHo ist nicht nur für seine Galerien, sondern auch für seine Restaurants bekannt. Typisch für das Viertel ist das trendige **The Mercer Kitchen** 6 €€ [C10] von Starkoch Jean-Georges Vongerichten (99 Prince St, Tel. 212-966-5454, www.themercerkitchen.com). Bodenständiges Pub Food serviert das **Ear Inn** 7 € [C10] (326 Spring St., Tel. 212-226-9060, www.earinn.com), eine Institution, deren Geschichte ins Jahr 1817 zurückgeht. Bei **Lombardi's** 8 € [D10] (32 Spring/Mott Sts., Tel. 212-941-7994, www.firstpizza.com) ist richtig, wer nur auf die Schnelle eine leckere Pizza essen will.

Shopping

❗ Wer als Designer einen Namen hat, kommt an SoHo nicht vorbei. Hier sind alle vertreten, von **Chanel** [C10] (139 Spring St.) und **Louis Vuitton** [C10] (116 Greene St.) über **Anna Sui** [C10] (484 Broome St.) und **Diane von Furstenberg** [C10] (135 Wooster St.) bis zu **Ralph Lauren** [C10] (109 Prince St.) und **Marc Jacobs** [C10] (163 Mercer St.). Einen guten Mix angesagter Labels bietet **Kirna Zabête** [C10] (477 Broome St.). Sehenswert: Die Verkaufsflächen des **Prada Flagshipstore** [C10] (575 Broadway) ❗ wurden vom Architekten Rem Koolhaas gestaltet.

Abstecher nach Nolita

SoHos glatte, von Edel-Design beherrschte Konsumlandschaft bietet nicht mehr viel Raum für Kreativität. Anders ist das in Nolita (North of Little Italy), der Gegend zwischen Bowery, Lafayette, Spring und Houston Streets, die sich letzthin als Alternative zu SoHo etabliert hat.

Zwischenstopp: Restaurants

Nette Lokale sind das französisch angehauchte **Cherche Midi** 9 € [D10] (282 Bowery, Tel. 212-226-3055, www.cherchemidiny.com) oder das **Cafe Habana** 10 €€ [D10] (17 Prince St., Tel. 212-625-2001, www.cafehabana.com) mit karibischer Küche.

Shopping

Entlang Mulberry, Mott und Elizabeth Sts. leben die jungen Kreativen. Designer, die noch nicht mit dem Strom schwimmen, betreiben kleine Boutiquen; man findet Secondhand-Geschäfte, originellen Schmuck und Schuhe.

Greenwich Village, East Village und LES

Tour 7

Verlauf: Washington Square Park › Lafayette Street › Astor Place › St. Mark's Place › Tompkins Square › Lower East Side › New Museum of Contemporary Art › International Center of Photography

Karte: Seite 100
Dauer: 5–6 Std.
Praktische Hinweise:
- **Start** Ⓢ W. 4th/Washington Sq. (U-Bahnlinien A, B, C, D, E, F, M)
- **Ziel** Ⓢ Bowery (U-Bahnlinien J, Z)
- In der Lower East Side ist viel in Bewegung – besonders in Hinblick auf Restaurants, Ausgeh- und Einkaufadressen gibt es auf Schritt und Tritt Neues zu entdecken.

Tour-Start: Greenwich Village ⭐

An lauen Sommerabenden scheint es, als sei das ganze bunte Treiben des Village am **Washington Square Park** 18 **[C10]** konzentriert: Da wird gesungen und getanzt, Schach gespielt **50 Dinge** ⑩ › **S. 13**, Rollschuh- und Skateboardfahrer ziehen ihre Runden, esoterische Heilsbringer sind unterwegs, im Dog Run toben die Hunde.

Viele der Gebäude im Umfeld des Washington Square Parks gehören der New York University – für die Studenten ist der Park so etwas wie ihr Campus. Auf diese Zielgruppe ist auch das Angebot zugeschnitten:

In den Straßen südlich des Platzes findet man Cafés, Kneipen und jede Menge preiswerte Restaurants.

Washington Square galt zu Beginn des 19. Jhs. als vornehme Adresse. An der Nordseite des Platzes, wo die 5th Avenue einmündet, blieben die eleganten Bauten erhalten – noch heute beste Wohnlage. Interessant ist der Blick in die **Washington Mews** 19 **[C9]**, eine kleine, hinter den Wohnhäusern verlaufende Kopfsteinpflasterstraße, an der früher die Stallungen der Reichen lagen. Ihr Gegenstück, zu erreichen von der Washington Square West Street aus, ist die **Mac Dougal Alley** 20 **[C9]**.

Der 23 m hohe **Triumphbogen**, der den Platz beherrscht, war ursprünglich nur als Provisorium gedacht: Er wurde 1889 für die 100-Jahr-Feier der Ernennung George Washingtons zum ersten Präsidenten der Vereinigten Staaten erbaut und bestand aus Holz. Nach der Feier aber wollte sich keiner mehr von ihm trennen und Stanford White erhielt 1892 den Auftrag, den Bogen aus weißem Marmor zu schaffen. Die Skulpturen Washingtons als General und Staatsmann wurden 1916 bzw. 1918 hinzugefügt.

Nightlife

Im **Bitter End [C10]** (147 Bleecker St., zw. Thompson St./La Guardia Pl.), wo schon Bob Dylan auftrat, hört man noch immer gute Rock- und Folksänger. Das **Cafe Wha? [C10]** (115 MacDougal St.), ebenfalls ein Sprungbrett für spätere Größen wie Jimi Hendrix und Bruce

Im Washington Square Park findet sich jederzeit ein Partner für eine Partie Schach

Springsteen, hat sich dem klassischen Rock verschrieben, im **Blue Note Jazz Club** [C10] (131 W 3rd St. zw. MacDougal St./6th Ave.) kann man Live-Jazz erleben. Für einen Besuch des **Comedy Cellar** [C10] (117 MacDougal St.) sollte man der englischen Sprache einigermaßen mächtig sein – dann aber ist es ein Riesenspaß. Frühzeitig reservieren!

Von Greenwich ins East Village

Vom Washington Square geht es ins East Village. Wer sich für Geschäfte, Restaurants und buntes studentisches Treiben interessiert, wählt den Weg über den Washington Place zum Broadway. Dort, etwa zwischen Bleecker und 14th Streets, findet man alles, was das Herz des Konsumenten höher schlagen lässt: verrückte Spielzeug- und Souvenirläden sowie Boutiquen mit extravaganten Accessoires.

Shopping

Bei **Strand** [C10] (828 Broadway/ E. 12th St.) handelt es sich um ein modernes Antiquariat mit angeblich 2,5 Mio. Bänden **50 Dinge** ㉔ › S. 15. Liebhaber von Science-Fiction-Spielzeug und Comics werden im **Forbidden Planet** [D9] (832 Broadway/E. 13th St.), bei **Mysterious Time Machine** [C9] (418 6th Ave./E. 9th St.) und bei **Carmine Street Comics** [C10] (34 Carmine St.) fündig.

Lafayette Street

Architektonisch Interessierte gehen über die Bleecker Street zur Lafayette Street; dort steht das **Bayard-Condict Building** ㉑ [D10] (65 Bleecker St.). Dieses Haus (1897–1899) ist das einzige Werk von Louis H. Sullivan in New York. Sullivan arbeitete vor allem in Chicago. Er war der Hauptvertreter der Chicagoer Schule, deren Mitglieder sich durch den Bau der ersten Hochhäuser profilierten, und Lehrmeister von Frank Lloyd Wright, Architekt des Guggenheim Museum.

Einen kleinen Umweg lohnen die ehemalige **Bond Street Savings Bank** 22 **[D10]** (54 Bond St./Ecke Bowery), ein besonders schönes Beispiel der Cast-Iron-Architektur von 1874, und das ehemalige **Hauptquartier der New Yorker Feuerwehr** 23 **[D10]** (44 Great Jones St.), das 1898 im Beaux-Arts-Stil erbaut wurde.

Aus der ersten Hälfte des 19. Jhs. stammen zwei interessante Gebäude in einer Seitenstraße der Lafayette Street, der 4th Street: das **Old Merchant's House** 24 **[D10]** (Nr. 29) und das **Samuel Tredwell Skidmore House** (Nr. 37). Das Old Merchant's House ist das einzige New Yorker Haus aus dem 19. Jh., das komplett mit seiner Inneneinrichtung erhalten ist. Man kann es besichtigen und sich ein Bild davon machen, wie reiche Kaufleute damals lebten

(Do–Mo 12–17 Uhr, geführte Tour 14 Uhr, http://merchantshouse.org).

Das Gebäude direkt an der Ecke Lafayette/4th Streets, das 1885 errichtete **De Vinne Press Building** 25, **[D10]** stammt aus einer Zeit, als die Gegend um die Lafayette Street Zentrum der Druckindustrie war.

Einst Wohnort der Reichen

An der Great Jones Street endete einst Lafayette Place, der Vorläufer der heutigen Lafayette Street, die sich Anfang des 19. Jhs. ganz anders als heute präsentierte: als elegante Sackgasse, in der die Reichsten und Vornehmsten der Stadt residierten, z. B. John Jacob Astor und Cornelius Vanderbilt. Sie lebten in **Colonnade Row** 26 **[D9]**, einem geschlossenen Ensemble, das aus neun Herrenhäusern bestand und seinen Namen den eindrucksvollen Säulen verdankte, die die Front zierten. Vier der 1833 erbauten Gebäude kann

Keine geistige Enge im Dorf

Zu Beginn des 20. Jhs. war Greenwich Village der Ort, an dem die künstlerische Avantgarde lebte und wo sich die kritischen Geister trafen. Die Redaktion der »Masses«, einer radikalen Zeitschrift, zu deren Mitarbeitern Maxim Gorki, Bertrand Russell und John Reed zählten, hatte hier ihr Büro, 1914 eröffnete Gertrude Whitney Vanderbilt eine Galerie und bot zeitgenössischen, damals noch höchst umstrittenen Künstlern Ausstellungsmöglichkeiten. 1916 ließen sich die Provincetown Players mit ihrem Theater an der MacDougal Street nieder und gelangten bald zu Ruhm – Eugene O'Neill wurde mit ihnen weltbekannt.

Auch nach dem Zweiten Weltkrieg setzte das Viertel seine Tradition als Amerikas »Wiege der Bohème« fort, allerdings verlagerte sich die Szene jetzt in den östlichen Teil des Village. In den 1950er-Jahren machte die Beat-Generation von sich reden; später waren es Anhänger der Hippie-Bewegung und die Gegner des Vietnamkriegs, die sich im Village konzentrierten und mit ihren friedlichen Protestaktionen den Unwillen der Obrigkeit erregten.

man an der Westseite der Lafayette Street bewundern (Nr. 428–434).

Schräg gegenüber (Nr. 425) ist das **New York Shakespeare Festival Building** 27 **[D9]** (1849) zu sehen. **Astor Place** 28 **[D9]** mit dem hübschen gusseisernen Kiosk am Eingang zur U-Bahn stellt den Übergang zum East Village dar.

Zwischenstopp: Restaurant

Indochine 11 €€ **[D9]**
In der Colonnade Row sind einige Restaurants untergebracht. Empfehlenswert ist das Indochine, das in stilvollem neokolonialem Ambiente gute französisch-vietnamesische Küche bietet.
• 430 Lafayette St./Nähe Astor Place
Tel. 212-505-5111
www.indochinenyc.com

East Village

Jenseits von Bowery und 3rd Avenue liegt das East Village, das geografisch und historisch Teil der Lower East Side › S. 118 ist. Nach dem Exodus der Deutschen › S. 116 lebten in den Straßen um Tompkins Square die verschiedensten Nationalitäten: Zuerst waren es Juden und Osteuropäer, später dann Ukrainer und in jüngster Zeit sehr viele Hispanics, die vor allem dem östlichen Teil des East Village ihren Stempel aufgedrückt haben.

Das Erbe der ukrainischen Einwanderer pflegt das **Ukrainian Museum [D10]**, das neben Textilien, Schmuck und Keramik hunderte kunstvoll bemalte Ostereier (*pysanky*) zeigt (222 E. 6th St., zw. 2nd/3rd Aves., Mi–So 11.30–17 Uhr, 8 $, www.ukrainianmuseum.org).

Ziert seit 1967 den Astor Place: The Cube

Nach einer kulturellen Blüte in den 1950er- und 60er-Jahren, in denen Künstler und politisch Aktive hier billigen Wohnraum fanden, kam das East Village in den 1970er-Jahren immer mehr herunter. Damals traute sich kein anständiger Mensch mehr über die 1st Avenue hinaus: Dahinter, in den ABC Avenues und rund um Tompkins Square, lag das »Goldene Dreieck« der Drogenhändler.

Von der Drogenhochburg zum Amüsierviertel

Dass sich das Bild gründlich gewandelt hat, dass man hier bummeln, in Geschäften stöbern und in Cafés Sojasprossensalat genießen kann, liegt nicht nur daran, dass die Polizei die Drogenhochburg schon vor Jahren gestürmt hat. Seine wirkliche Veränderung erfuhr das East Village erst durch die Künstler, junge Leute, denen die Räume zum Ausstellen, Proben, Musik machen etc. in SoHo zu teuer waren.

Anfang der 1980er-Jahre wagten sich die ersten Kreativen in die verrufene Gegend; ein paar Jahre lang wurde das East Village als erste Adresse für zeitgenössische Kunst gehandelt. Galerien wie 51X verhalfen Künstlern wie Jean-Michel Basquiat, Keith Haring und Jeff Koons zum Erfolg. Doch sehr bald setzte die Gentrification ein und das ehemals ethnisch bunt gemischte, lebendige Viertel fiel in die Klauen des Kommerzes.

Heute ist das East Village in erster Linie eine beliebte Ausgehadresse für junge Nachtschwärmer. Durch **St. Marks Place [D9]**, den von netten Restaurants, Bars und Geschäften gesäumten »Boulevard« des Viertels, ziehen vor allem an den Wochenenden Heerscharen von College-Studenten.

Nightlife

Kneipen, Clubs, Performanceräume – das East Village bietet für jeden etwas. **McSorley's Old Ale House [D9]** ist eine gemütliche alte Bar von 1854 (15 E. 7th St., Nähe 3rd Ave.) › **S. 51**. Wen Heimweh plagt, der geht **Zum Schneider [D9]** (107 Ave. C/E. 7th St.). Angesagter Nachtclub: **Nublu [D10]** (62 Ave. C). **No Malice Palace [D10]** (197 E. 3rd St. zw. Aves. A/B) macht von außen nicht viel her, ist aber ein beliebter Nachbarschaftstreff.

Eine wunderbare Show, die man auch genießen kann, ohne des Englischen mächtig zu sein: **Stomp [D9]** im Orpheum Theater. Rhythmen und Musik werden nicht mit Instrumenten, sondern mit Alltagsgegenständen erzeugt. Die Choreographie ist grandios (126 2nd Ave. zw. 7th St./St. Marks Pl., Tel. 212-477-2477, www.stomponline.com).

Klein-Deutschland

Deutsche Namen an den Häusern zeugen noch heute davon, dass hier im 19. Jh. »Klein-Deutschland« lag, eine ökonomisch erfolgreiche, politisch und kulturell aktive Gemeinde, die ihre eigenen Schulen, Zeitungen, Theater, Bier- und Turnhallen hatte und der Entwicklung der Arbeiter- und Gewerkschaftsbewegung in den USA nachhaltige Impulse gab.

Anfang der 1870er-Jahre stand es in vollster Blüte. Tompkins Square war das Zentrum von 400 Häuserblocks, sechs Avenues und 40 Straßen. Die Avenue B, die kommerzielle Schlagader der Nachbarschaft, erhielt den Beinamen »Deutscher Broadway«.

Kleindeutschland florierte etwa bis 1880; danach wurde die Gegend zum »Schtetl«, die deutsche Gemeinde zog nach Norden ins ehemalige Dorf Yorkville. Das endgültige Aus für die noch verbliebenen Deutschen kam 1904, als der Ausflugsdampfer »General Slocum« auf dem East River in Brand geriet. Von den 1331 Angehörigen der deutsch-lutherischen Gemeinde kamen über 1000 bei dem furchtbaren Unglück ums Leben. Die Hinterbliebenen hielt nichts mehr in dem Viertel, viele nahmen sich aus Verzweiflung über die Katastrophe das Leben, andere suchten im Umzug Vergessen.

Eine Fundgrube für Vintage-Fans ist St. Mark's Place, das Herz des East Village

Tompkins Square 29 [D9]

St. Mark's Place führt geradewegs auf Tompkins Square zu, das Pendant zum Washington Square in Greenwich Village, wobei die Atmosphäre hier nicht Studenten prägen, sondern die Anwohner. Nach Phasen des Verfalls ist der Platz heute fantasievoll gestaltet mit Kinderspielplatz und Dog Run, in dem die Hunde nach Größe gestaffelt toben. Ein Denkmal erinnert an den Untergang der »General Slocum« › **S. 116**.

Nachbarschaftsgärten

Vom Tompkins Square nimmt man die Avenue B Richtung Süden vorbei am **6th and B Garden** 30 [D10], aus dem sich zwischen Bäumen Eddies' Sculpture erhebt. Die kleine Anlage gehört zu den Community Gardens, von denen es im East Vil-

lage inzwischen eine ganze Reihe gibt, z. B. den **Creative Little Garden** [D10] (E. 6th St., zw. Aves. A/B) oder den **First Street Garden** [D10] (E. 1st St., zw. 1st/2nd Aves.). Manche Gärten sind für Besucher geöffnet, andere kann man nur als Zaungast von außen betrachten und sich daran erfreuen, was für kreative und manchmal kitschige kleine Welten die Bewohner des Viertels hier erschaffen haben.

Diese Gärten entstanden in den 1980er-Jahren auf ungenutztem städtischem Grund und konnten sich trotz Bestrebungen unter Giuliani, der das Idyll privaten Investoren überlassen wollte, so lange halten, bis auch in New York das grüne Bewusstsein ankam und man um jeden Baum und Grashalm froh war. Dass die kleinen Grünanlagen hier und in anderen Stadtteilen New

Yorks erhalten blieben, ist auch der Schauspielerin Bette Midler zu verdanken, die 1999, als die Grundstücke zum Verkauf standen, großzügig spendete und auf diese Weise nicht unwesentlich zur Rettung der Nachbarschaftsgärten beitrug.

> **! Erst-**
> **. klassig**

Die besten Einkaufsstraßen

....

- **Orchard Street, Lower East Side** › S. 120.
  Witzige Mischung aus Billigläden und originellen Designerboutiquen.
- **Broadway zwischen Prince und Broome Streets, SoHo.**
  Neben Bloomingdale's haben viele US-Ketten wie Old Navy hier Niederlassungen.
- **Greene Street, SoHo** › S. 111.
  Namhafte Designer haben keine Wahl: Sie müssen hier präsent sein.
- **47th Street, westlich der Fifth Avenue, Midtown** › S. 132.
  In der Diamond Row gibt es Gold und funkelnde Steinchen in überwältigender Auswahl.
- **57th Street, zwischen Fifth und Madison Avenues, Midtown** › S. 136.
  Hier liegen nicht nur Nike Town und ein Levi's Store, auch große Namen wie Vuitton, Burberry und Chanel sind vertreten.
- **Madison Avenue zwischen 57th und 79th Street, Upper East Side** › S. 42.
  Eine der exklusivsten Geschäftsadressen; hier gehen New Yorks Millionäre shoppen.

Lower East Side

Südlich der East Houston Street liegt das sozialgeschichtlich interessanteste Viertel der Stadt, die Lower East Side. Heute firmiert die Gegend unter LES – solche Abkürzungen signalisieren in aller Regel, dass ein Stadtteil angesagt ist und mit diesem Kürzel in den Immobilienanzeigen erscheint. Früher hätte sich niemand damit gebrüstet, in der Lower East Side zu wohnen, noch vor 20 Jahren nicht und erst recht nicht im 19. Jh.: Hier lag der übelste Slum der Stadt.

Seit dem Beginn der Masseneinwanderung Mitte des 19. Jhs. war die Lower East Side die Anlaufstation für diejenigen, die Europa aus politischen oder wirtschaftlichen Gründen verlassen hatten und im Hafen von New York mit nicht viel mehr ankamen als mit ihren Träumen von Freiheit und ökonomischem Erfolg. Das waren zuerst die Iren, die nach 1845 vor der Hungersnot in ihrem Land flohen, dann die Deutschen – unter ihnen viele, die ihrer Heimat nach der gescheiterten Revolution von 1848 den Rücken kehrten –, und schließlich osteuropäische Juden, die sich ab 1881 Pogromen ausgesetzt sahen. Diese Massenzuwanderung sollte New York nachhaltig verändern: In den Jahren zwischen 1840 und 1898 wuchs die Bevölkerung rasant von 400 000 auf 3,4 Mio.

Mit jeder neuen Einwanderungswelle veränderte die Lower East Side ihr Gesicht, Ende des 19. Jhs. wandelte sie sich zum Schtetl und wurde damit zum Zentrum der Textilfertigung. Die Juden, die sich schon in ihrer Heimat auf die Herstellung von Kleidung spezialisiert hatten, setzten diese Tradition hier fort. Viel ist nicht erhalten geblieben vom Schtetl, nur einige wenige Synagogen wie die **Eldridge Synagogue** [D11] (mit dem Eldridge Street Museum, 12 Eldridge St., So–Do 10–17, Fr 10–15 Uhr, 14 $, www.eldridge street.org) und einige kulinarische Einrichtungen erinnern noch an die jüdische Lower East Side.

Zwischenstopp: Delis

Katz's Delicatessen ⑫ [D10] (205 E. Houston/Ludlow Sts.) ist für seine Pastrami-Sandwiches ebenso berühmt wie für Meg Ryans denkwürdige Showeinlage im Film »Harry und Sally«. Auf Räucherfisch hat sich **Russ & Daughters** ⑬ [D10] (127 Orchard St.) spezialisiert – besonders lecker sind die Lachs-Bagels, den Durst löscht ein Cucumber Soda. **Kossar's** [D10] (367 Grand/Nähe Essex Sts.) backt Pletzels, Bulkas und Bialys, pikant gefüllte Brötchen.

Leben in den Tenements

Die Lebens- und Arbeitsbedingungen waren katastrophal, die Lower East Side war damals der am dichtesten besiedelte Slum der Erde. Um die Massen unterzubringen, hatten Spekulanten Mietshäuser *(tenements)* errichtet, in denen die Menschen zusammengepfercht in dunklen, feuchten Zimmern ohne sanitäre Einrichtungen hausten. New Yorks Geldadel, der an der 5th Avenue in seinen Palästen residierte, verdiente nicht schlecht an den Mieteinnahmen aus diesen Elendsquartieren.

Topseller bei Katz's Delicatessen: die hausgemachte Salami

Einen guten, wenn auch museal geschönten Eindruck dieser Wohnbedingungen vermittelt das **Tenement Museum** ㉛ [D10], das über einzelne Einwandererschicksale und die Geschichte des Bezirks informiert. Es kann nur im Rahmen von Führungen besichtigt werden (103 Orchard St., www.tenement.org).

Angesagtes Ausgehviertel

In den letzten Jahren hat sich das Gebiet zwischen Bowery, Clinton, East Houston und Grand Streets zum Trendbezirk entwickelt. Immer neue Restaurants – vor allem an Clinton Street – Bars und Boutiquen schießen aus dem Boden. Das futuristisch-schicke Hotel on Rivington › S. 30 bietet zahlungskräftigen Gästen das nötige coole Ambiente und einen schönen Blick über Manhattan, nach dem Niedergang der Club Row in Chelsea hat sich auch die Club-Szene nach LES verlagert.

Was sich gerade tut in der lebendigen Szene erfährt man im **LES Visitor Center** [D10] (54 Orchard St., http://lowereastside.org).

Nightlife

Unter den Bars der Lower Eastside lohnen **Whiskey Ward** [D10] (121 Essex St., Nähe Rivington St.) und **Attaboy** [D10] (134 Eldridge St.) einen Besuch. Die angesagten Clubs liegen an der Chrystie Street: **The Box** [D10] (Nr. 189) oder **Home Sweet Home** [D10] (Nr. 131).

New Museum of Contemporary Art 32 [D10]

Die Bowery galt noch vor ein paar Jahrzehnten als berüchtigtste Straße New Yorks – Synonym für sozialen Abstieg, Alkoholismus und Arbeitslosigkeit. Inzwischen ist das anders: Mit Eröffnung des New Museum of Contemporary Art erscheint die Straße nun auf der Kunstlandkarte und lockt mit einem aufsehenerregenden Gebäude des japanischen Architekturbüros SANAA. Nachlässig übereinander gestapelten weißen Schachteln gleich erhebt sich der siebenstöckige Bau über der Bowery; die gegeneinander versetzten Gebäudeteile ermöglichen eine Abfolge natürlich belichteter, fließender Räume. Die mit Gittern aus eloxiertem Aluminium verkleideten Kisten weisen unterschiedliche Proportionen und transparente Felder auf. Jedes Jahr widmen sich etwa sechs große und mehrere kleinere Ausstellungen neuester Kunstproduktion (235 Bowery/Prince St., Di–So 11–18, Do 11–21 Uhr, 18 $, www.newmuseum.org).

International Center of Photography 33 [D10]

Ob es am »New Museum« lag? Das lange in Midtown beheimatete Center of Photography ist 2016 ebenfalls an die Bowery umgezogen. Das schwerpunktmäßig den dokumentarischen Aspekten der Fotografie gewidmete Museum besitzt eine Sammlung von über 100 000 Aufnahmen. In Wechselausstellungen wird Zeitgenössisches präsentiert. Angeschlossen ist ein Forschungs- und Ausbildungsinstitut für Fotografie (250 Bowery, Di–So 10–18, Do 10–21 Uhr, 14 $, www.icp.org).

Zwischenstopp: Restaurants

Gemütlich sitzt man in der **Clinton Street Baking Co.** 14 [D10] (Nr. 4, Nähe E. Houston St.), ideal zum Frühstücken oder zum Brunch (So). Der gigantische Bio-Supermarkt **Whole Foods** 15 [D10] (95 E. Houston St./Bowery) besitzt ein trendiges Selbstbedienungsrestaurant mit täglich wechselnden Gerichten.

Shopping

Die Orchard Street säumen viele Billigläden (Kleidung, Lederwaren), von denen einige sich noch in jüdischer Hand befinden (Fr Nachmittag und Sa geschl.). Originell ist **Tictail** [D10] (90 Orchard St.), der Concept Store einer Shopping-Plattform, die sich als ❗ globaler Marktplatz für junge Designer aus der ganzen Welt versteht. Ausgefallene Handtaschen, Sandalen und andere Produkte aus Leder bietet **Jutta Neumann** [D10] (355 E. 4th St., zw. Aves. C und D).

Der verkehrsreiche Columbus Circle an der südwestlichen Ecke des Central Park

MIDTOWN

Kleine Inspiration

- **Mit eigenen Ohren hören,** warum die Carnegie Hall
  so berühmt ist für ihre Akustik › S. 129
- **Auf der Fifth Avenue** die Kreditkarte strapazieren – oder
  zumindest die aufsehenerregend gestalteten Schaufenster
  bewundern › S. 135
- **Zur Rush Hour** im Grand Central Terminal den vorbeihastenden
  Pendlern hinterhersehen › S. 137

In Manhattans energiegeladener Mitte konzentrieren sich die wichtigsten Sehenswürdigkeiten der Stadt, hier findet man die luxuriösesten Hotels und elegantesten Einkaufsstraßen.

Midtown ist das Epizentrum dieser energiegeladenen Stadt und der Ort, an dem die meisten Touristen absteigen. Die Hoteldichte ist immens, die wichtigsten Sehenswürdigkeiten konzentrieren sich in dem Bereich zwischen 30th und 59th Street: Empire State und Chrysler Building, Rockefeller Center und das MoMA – um nur einige zu nennen. In Manhattans Mitte wird die Fifth Avenue zur teuren Einkaufsstraße, der Broadway rund um den Times Square zur Theatermeile.

Eine halbe Million Pendler stürmen täglich allein durch das Einfallstor Grand Central Station nach Manhattan. Ein Entree, das schöner nicht sein könnte, auch wenn kaum einer der Hastenden Zeit hat, die Grandezza und die architektonischen Feinheiten dieses alten Bahnhofs mit Muße zu genießen.

Midtown ist lebendig, hektisch – nirgendwo in New York ist die Fußgängerdichte höher als am Times Square Ecke 42nd Street und 7th Avenue –, die bunte Mischung aus Bürogebäuden, Bahnhöfen, Geschäften und kulturellen Einrichtungen sorgt dafür, dass hier rund um die Uhr reger Betrieb herrscht.

Ruhiger wird es gen Osten und Westen, wo sich die Wohnviertel erstrecken: im Osten die der Betuchten, im Westen die weniger teuren. Dort, nahe den einstigen Hafenanlagen am Hudson, bestimmen noch immer Zweckbauten das Bild, auch wenn sich das gerade ändert. New York entdeckt sich als Stadt am Flussufer. Im Osten sind die Möglichkeiten begrenzt, da schnürt der Franklin D. Roosevelt Drive die Stadt vom Wasser ab, am Hudson aber werden Radwege und Freizeitbereiche angelegt. Nach der Bebauung des früheren Eisenbahnareals wird sich dort ein ganz anderes Bild bieten. In den unteren 30er Straßen westlich der 10th Avenue soll in den nächsten Jahren ein vollkommen neues Viertel entstehen: Hudson Yards.

Blick vom Top of the Rock auf Downtown Manhattan

Touren in Midtown

Westlich der Fifth Avenue

**Verlauf: Empire State Building ›
Macy's › Broadway › Times Square
› Hell's Kitchen › Hearst Tower ›
Carnegie Hall › Columbus Circle**

Karte: Seite 124
Dauer: 3 Std. (ohne Museumsbesuche etc.)
Praktische Hinweise:
- **Start** Ⓢ 34th Street – Herald Square
(U-Bahnlinien B, D, F, M, N, Q, R)
- **Ziel** Ⓢ Columbus Circle (U-Bahnlinien A, B, C, D, 1)
- Wer sich nicht in die langen Warteschlangen im Empire State Building
einreihen möchte, kann den Blick
auf Manhattan auch vom Top of
the Rock › S. 133 genießen. Ansonsten verkürzt ein Express Pass
für 60/80 $ die Wartezeiten.
- Tickets kann man im Internet be-
stellen, damit fällt zumindest eine
der Warteschlangen weg.

Tour-Start: Empire State Building 🔟 ⭐ [C8]

Als das Empire State Building 1931
erbaut wurde, galt es als achtes
Weltwunder. Wunderbar war nicht
zuletzt die Geschwindigkeit, mit der
das 381 m hohe Prachtwerk empor-
gezogen wurde: Die Bauzeit betrug
nur neun Monate. 10 Mio. Ziegel-
steine und 60 000 t Stahl wurden
benötigt. Die Geschäftsfläche von

610 000 m² erwies sich anfangs als
unvermietbar: Amerika steckte in
den 1930er-Jahren in einer wirtschaftlichen Depression, man sprach
vom »Empty State Building«. Ob leer
oder nicht: Bis zum Bau des World
Trade Centers und dann wieder
nach den Anschlägen vom 11. September 2001 bis zur Fertigstellung
des One World Trade Center 2013
war das Empire State Building das
höchste Gebäude der Stadt.

Die renovierte Art-déco-Lobby
ist großartig: drei Stockwerke hoch,
marmorverkleidet und reliefverziert.
Man hat genug Zeit zu staunen – die
Warteschlangen sind sehr lang. Für
seine Geduld wird man jedoch be-
lohnt: Der Blick vom 86. Stock auf
die Stadt ist faszinierend. Dass man
ihn hinter Gittern genießt, darf
nicht stören: Sie wurden ange-
bracht, weil Selbstmörder den Turm
allzu attraktiv fanden. Manhattan
bei Nacht zu erleben oder bei An-
bruch der Dunkelheit, wenn die ersten Lichter angehen, ist besonders
reizvoll (350 5th Ave., tgl. 8–maxi-
mal 2 Uhr, letzter Aufzug 1.15 Uhr,
34 $ bis zum 86. Stock, 54 $ bis zum
102. Stock, günstiger mit City Pass,
› S. 175, www.esbny.com).

Nightlife
Hotel Metro Rooftop Bar [C8]
Die Dachgartenbar bietet ❗ außergewöhnliche Perspektiven auf das Empire
State Building. Auch bei New Yorkern ist
sie als After-Work-Treff beliebt.
- 45 W. 35th St., zw. 5th/6th Aves.

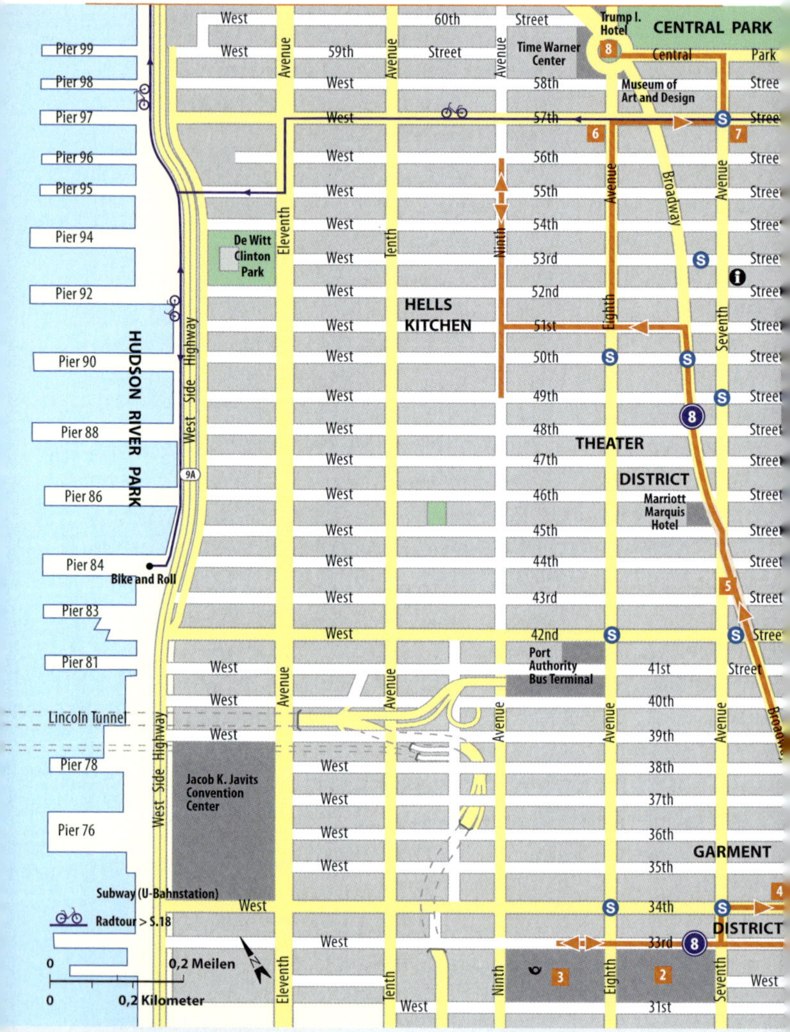

Touren in Midtown

Tour 8
Westlich der Fifth Avenue

1 Empire State Building
2 Pennsylvania Station
3 General Post Office
4 Macy's
5 Times Square
6 Hearst Tower
7 Carnegie Hall
8 Columbus Circle

Tour 9
Museen und Rockefeller Center

9 Morgan Library
10 New York Public Library
11 Bryant Park
12 Diamond Row
13 St. Patrick's Cathedral
14 Lower Plaza
15 International Building
16 General Electric Building
17 Radio City Music Hall
18 Austrian Cultural Forum
19 Museum of Modern Art
20 Trump Tower
21 Grand Army Plaza

Moderner Bahnhof, altes Postamt

Pennsylvania Station **2** [C8] ist hässlich und wenig einladend wie alle modernen Bahnhöfe. Auf dem Flachdach des Gebäudes thront der 1968 erbaute **Madison Square Garden** › **S. 104**, weltbekannt als Arena für Sport- und Musik-Events.

Architektonisch ein Juwel ist hingegen das **General Post Office** **3** [B/C8] gegenüber der Penn Station (421 8th Ave.). Das neoklassizistische Gebäude wurde 1912–14 vom Architektentrio McKim, Mead and White errichtet. Hier entstehen zunächst zwei neue Eingänge zur Penn Station und in einer späteren Bauphase eine neue Bahnhofshalle. Die geschätzten Kosten für das Projekt belaufen sich auf 1,5 Mrd. Dollar. Nach heutigem Stand bis spätestens 2023 muss dann auch der Madison Square Garden umziehen – mal wieder.

Nightlife
Local Café [C8]
Vom Dachgarten genießt man bei einem Drink den Blick auf das prächtige ehemalige Postamt, die Bar ist bis tief in die Nacht geöffnet.
· 1 Penn Plaza, 33rd St./8th Ave.

Macy's **4** [C8]

An der Kreuzung Broadway/6th Avenue landet man in der Welt des Konsums. Hier, am Herald Square (inzwischen teilweise Fußgängerzone), steht das eigenen Angaben zufolge größte Kaufhaus der Welt. Es hat sich in den letzten Jahren immer mehr zum Konkurrenten von Bloomingdale's › **S. 142** entwickelt. Macht aber nichts: Beide Kaufhäuser gehören demselben Mutterkonzern. Allein schon die Schaufensterdekoration lohnt den Besuch – vor allem während der von Macy's in jedem Frühjahr veranstalteten farbenprächtigen Flower Show. Man sollte auch durch das Erdgeschoss bummeln, um einen Eindruck von der Riesenauswahl und der geschmackvollen Präsentation zu erhalten. Für ausländische Besucher hält Macy's im Kundendienstbereich ein Rabattheft bereit, das Prozente auf fast alle Einkäufe verspricht.

Broadway [C7/8]

Von Herald Square folgt man dem Broadway nordwärts und erlebt eine freudige Überraschung: 2008 wandelte sich der Great White Way – so nannte man den Broadway, als das elektrische Licht Einzug hielt – zum Green Way. Zwischen der 35th und der 42nd Street wurde der ehemals vierspurige Verkehr auf zwei Spuren beschränkt, der so entstandene Raum kommt Fußgängern und Radfahrern zugute. Bäume, Sitzecken und Blumen verwandeln die Straße in einen Boulevard zum Pausieren und Flanieren.

So erreicht man bummelnd *den* Broadway, jenes kurze Stück der insgesamt 33 km langen Straße, das ihren Weltruhm begründete. Denn wenn man heute »Broadway« sagt, so meint man Theater, Show, Musical, Unterhaltung; man denkt an die glitzernde Welt des Great White Way, die sich etwa zwischen 40th und 53rd Streets erstreckt.

Begründet wurde der Ruhm des Broadway im letzten Jahrzehnt des 19. Jhs. Seine glanzvollste Zeit erlebte er in den 1920er- und 30er-Jahren. Über 80 Theater zählte man damals am Broadway und in seinen Seitenstraßen, wobei die **W. 42nd Street** als erste Adresse galt. Sie war so sehr Synonym für Erfolg, dass Theaterbesitzer, deren Häuser an der 41st oder 43rd Street lagen, Gänge durch den ganzen Block bohrten, um mit der Adresse »Forty Second« in bunter Leuchtschrift prahlen zu können.

Da die Sänger und Tänzer meist erstklassig sind, sollte man zumindest den Besuch eines Musicals einplanen. Große erfolgreiche Produktionen laufen oft jahrelang mit wechselnder Besetzung. Zu diesen Flaggschiffen des Broadway zählen »Cats«, »The Phantom of the Opera«, »The Lion King«, »Chicago« und »School of Rock«.

SEITENBLICK

Abriss mit Folgen

Wenn man sich die Liste der Epoche machenden Bauten ansieht, die im 20. Jh. zerstört und durch Zweitklassiges ersetzt wurden, möchte man am liebsten weinen. Danach war den New Yorkern auch zumute, als die Pennsylvania Railroad Company ihren Bahnhof abriss – ein vom Architekturbüro McKim, Mead and White geplanter und 1904–1910 errichteter Beaux-Arts-Bau, den man schon deshalb unter Denkmalschutz hätte stellen müssen, weil er mit dem General Post Office ein einzigartiges Ensemble bildete. Denkmalschutz aber gab es damals in New York noch nicht, er wurde als »Landmark Preservation Act« erst 1965 eingeführt, und zwar aufgrund der Protestwellen, die eben jener Abriss der alten Pennsylvania Station in der Öffentlichkeit hervorgerufen hatte.

Am Times Square blinken Leuchtbänder und Neonreklamen um die Wette

Times Square **5** ⭐ [C7]

Nur der Name deutet noch darauf hin, wie nobel dieser Platz einmal war: Er ist nach der berühmten Zeitung »New York Times« benannt, die 1904 hier ihr Verlagsgebäude bezog. Der lang gestreckte Square an der Kreuzung Broadway/7th Avenue war früher das Zentrum des brodelnden Theaterviertels, ein Platz mit Dynamik und großartiger Atmosphäre, die selbst dann noch spürbar war, als die Gegend schon heruntergekommen und von zwielichtigen Gestalten bevölkert war. Damit ist es endgültig vorbei, seit Disney & Co. eingezogen sind und den Times Square in einen gesichtslosen Allerweltsplatz verwandelt haben. Ab 2009 erfuhr der Times Square allerdings eine Aufwertung: Der Broadway wurde zwischen 42nd und 47th Streets zur Fußgängerzone, hier ist nun Raum für Straßenkünstler, Cafés und Verkaufsstände.

Wer den Anblick der um die Wette strahlenden Leuchtreklamen von oben genießen möchte, muss lediglich einen der gläsernen Lifte des **Marriott Marquis Hotel** besteigen und zur »The View Lounge« im obersten Stock hinauffahren – die Bar dreht sich und bietet einen einmaligen Rundumblick über das nächtlich erleuchtete Manhattan.

Shopping

Rund um den Times Square haben sich mehrere Megastores etabliert, die zum Teil bis nach Mitternacht geöffnet haben: **Levi's** [C7] (Jeans, 1501 Broadway), **Foot Locker** [C7] (Sneakers, 1460 Broadway) oder **M & M's** [C7] (bunte Schokolinsen, 1600 Broadway) **50 Dinge** ㊴ › S. 16.

Abstecher nach Hell's Kitchen

An der Ecke 51th Street empfiehlt sich ein Abstecher in Richtung Westen, um einen Eindruck von dem hübschen Wohnviertel mit seinen alten, niedrigen Häusern zu erhalten. Die ehemals übel beleumundete Hell's Kitchen hat sich zur Flaniergegend gemausert, entlang der 9th Avenue kocht in der Küche des Teufels die ganze Welt, hier findet man eine bunte Mischung kleiner, preiswerter Restaurants.

Zwischenstopp: Restaurant

McGee's Pub [C7]

Die gemütliche Kneipe ist ein Pilgerziel für Fans der Erfolgsserie »How I met your Mother«: Sie diente als Vorlage für das McLarens.

• 240 W. 55th St., zw. 8th Ave. und Broadway

Hearst Tower **6** [C7]

Das Hochhaus an der Ecke 8th Avenue/West 57th Street (Nr. 300) setzt extravagante Akzente in der Türmelandschaft von Midtown. Sein Art-déco-Sockel war Teil eines Verlagsgebäudes, das Medienzar William R. Hearst in den 1920er-Jahren in Auftrag gab, infolge der Depression aber nicht fertigstellen konnte. Erst 2001 erhielt Stararchitekt Norman Foster den Zuschlag für seinen Entwurf, der die historische Bausubstanz einbezieht. **!** Fosters eleganter Turm mit dem Waffelmuster zeugt von einer neuen Formensprache, die sich im 21. Jh. nun auch in der Stadt am Hudson durchsetzt.

Carnegie Hall **7** [C7]

Die Akustik ist hervorragend, die Innenausstattung verschwenderisch, wie Ende des 19. Jhs. üblich, und die Liste derer, die hier auftraten, liest sich wie ein Auszug aus dem Musiklexikon. Kurz: Carnegie Hall ist eine Stätte von historischer Bedeutung und dieses Argument rettete dem Bau das Leben.

Die berühmte Konzerthalle sollte eigentlich 1960 abgerissen werden, aber engagierte Künstler, darunter Leonard Bernstein und Isaac Stern, verhinderten das. Wer keine Konzertkarten bekommt, kann Carnegie Hall im Rahmen geführter Touren besichtigen (881 7th Ave., Okt.–Juni Mo–Fr 11.30, 12.30, 14 und 15, Sa 11.30 und 12.30 Uhr, 17 $, www.carnegiehall.org).

! **Erstklassig**

Highlights zeitgenössischer Architektur

• **Hearst Tower** › S. 129.
  Der avantgardistische Turm stammt von Norman Foster.
• **Morgan Library** › S. 130.
  Drei moderne Pavillons, gestaltet von Renzo Piano.
• **Austrian Cultural Forum** › S. 134. Gewagte, großartige Fassade von Raimund Abraham.
• **8 Spruce Street** › S. 88.
  Apartmenthochhaus von Frank Gehry mit grandioser Vorhangfassade aus Edelstahlpaneelen.
• **IAC Headquarters Building** › S. 106.
  Das erste Werk, das Frank Gehry in New York realisieren durfte.
• **Prada Flagshipstore** › S. 111.
  Die Verkaufsflächen des Edelladens in SoHo wurden von Rem Koolhaas gestaltet.

Columbus Circle 8 [C6]

Der Verkehr dreht sich im Kreis um Kolumbus, der hoch oben auf seiner Säule steht und die Hektik und die architektonischen Veränderungen seiner Wohnstatt gelassen hinnimmt. Letzter Neuzugang war das **Museum of Arts and Design,** das kunsthandwerkliche Exponate zeigt (2 Columbus Circle, Di–So 10–18, Do, Fr bis 21 Uhr, 16 $, www.madmuseum.org).

So umstritten die Umgestaltung des ehemaligen Lollipop Building ist – der Bau hebt sich angenehm von den architektonischen Banalitäten ab, die die Moderne ansonsten hier hinterließ: Da protzt Trump mit einem unattraktiven Hotelturm und Time Warner hat als Architekten für seine von zwei Türmen gekrönte Burg den Pragmatiker David Childs gewählt, der auch für 1WTC verantwortlich zeichnet.

Im **Time Warner Center** ist alles, was öffentlich zugänglich ist, vom Feinsten: Luxushotel, Edelboutiquen, jeder Spitzenkoch hat hier eine Filiale. Das alles wirkt etwas steril, aber der Blick von oben auf den Central Park ist grandios und Jazzfreunde finden hier den ersten Konzertsaal, der eigens für diese Musikrichtung konzipiert wurde (10 Columbus Circle, Programminfos unter Tel. 212-258-9595, www.jazz.org).

Noch mehr View gefällig? Die Mandarin Oriental Lobby Lounge im Time Warner Center **50 Dinge** (21) › **S. 14** bietet einen grandiosen Blick auf den Central Park. Der Trick: Die Hotelbetreiber verlegten den Haupteingang in den 35. Stock (80 Columbus Circle).

Tour 9 Museen und Rockefeller Center

Verlauf: Morgan Library › New York Public Library › Bryant Park › Diamond Row › St. Patricks Cathedral › Rockefeller Center › Austrian Cultural Forum › MoMA›› Fifth Avenue › Grand Army Plaza

Karte: Seite 124
Dauer: 2 Std. (ohne Museumsbesuche etc.)
Praktische Hinweise:
- **Start** Ⓢ 33rd St./ Park Ave. S. (U-Bahnlinien 4, 6)
- **Ziel** Ⓢ 5th Ave./ 59th St. (U-Bahnlinien N, Q, R)
- Die Tickets für das Top of the Rock berechtigen zum Eintritt zu einer festgelegten Zeit. Man bestellt sie am besten vor Reiseantritt online.

Tour-Start:
Morgan Library 9 [C8]

Von der U-Bahn führt der Weg über die South Park Avenue, über die sich die Kuppel von Grand Central Station spannt, weiter nach links in die 36th Street und dann in die Madison Avenue, wo der Eingang zur Morgan Library liegt. Der Eingangsbereich gehört zu den **!** drei eleganten Pavillons aus Stahl und Glas, die Renzo Piano 2005 schuf, um dem aus Gebäuden unterschiedlicher Stilrichtungen zusammengewürfelten Komplex eine einheitliche Note zu geben. Wer sich nur für die Architektur interessiert: Der Zutritt zu

Beliebter Ort für die Mittagspause: die Treppe der N.Y. Public Library

den Restaurants und zum Museumsshop ist frei. Bibliophile sollten aber die Gelegenheit nutzen, sich die Schauräume anzusehen: Die Bibliothek des Bankiers Morgan gehört zu den prächtigsten der Welt (225 Madison Ave., Di–Do 10.30–17, Fr 10.30–21, Sa 10–18, So 11–18 Uhr, 20 $, www.themorgan.org).

New York Public Library 🔟 [C7]

Ebenfalls ein Ort für Buchliebhaber ist die New York Public Library. Das Beaux-Arts-Gebäude von 1911, entworfen vom Architektenbüro Carrère & Hastings, enthält ca. 9 Mio. Bücher. Wunderschön ist der alte Lesesaal. In der Bibliothek finden kostenlose Wechselausstellungen zu verschiedenen Themen statt. Die breite Treppe vor der Library ist eine beliebte städtische Oase (Fifth Avenue/Ecke 42nd Street, Mo, Do, Fr und Sa 10–18, Di, Mi 10–20, So 13–17 Uhr, www.nypl.org).

Bryant Park 11 [C7]

Hinter der Public Library liegt der hübsche **Bryant Park** mit Blumenrabatten, Fontänen, Restaurant, Cafés, einem nostalgischem Karussell und ❗ über 1000 frei beweglichen, grünen Stühlen. Im Sommer finden hier kostenlose Livekonzerte und das populäre Bryant Park Film Festival statt › **S. 65,** im Winter kann man auf der Eislaufbahn seine Runden drehen (tgl. 7–22, Mai 7–23, Juni–Sept. Mo–Fr 7–24, Sa, So bis 23, März bis 19/20 Uhr, Eintritt frei, www.bryantpark.org).

44th Street [C7]

Über die 44th Street führt der Weg wieder zur Fifth Avenue, vorbei am **Algonquin Hotel** (59 W. 44th St.), dem legendären Literatentreff der 1920er-Jahre › **S. 33,** und dem **New York Yacht Club** (Nr. 37), einem prächtigen Beaux-Arts-Gebäude, dessen gewölbte Fenster an Schiffshecke erinnern.

Diamond Row 12 [C7]

Westlich der 5th Avenue wird die 47th Street zur Diamond Row – so genannt, weil hier, in einem nur 250 m langen Straßenabschnitt, 80 % des Diamantengroßhandels der USA abgewickelt werden. Die Geschäfte werden in den Läden gemacht, **!** in deren Auslagen Millionenwerte glitzern, oder ganz einfach auf der Straße: Die Anbieter tragen ihre Ware in der Tasche in einem weichen Stück Papier, das auf traditionelle Weise gefaltet ist. Verträge gibt es keine, ein Handschlag besiegelt den Geschäftsabschluss. An der Tracht der Menschen, die hier verkehren, an Bärten, Kippas und Schabbeslocken kann man erkennen: Der Diamantenhandel ist die Domäne der Juden.

St. Patrick's Cathedral 13 [C7]

Dem Trubel der Fifth Avenue für eine Weile entfliehen kann man in der **St. Patrick's Cathedral** – außer vielleicht am 17. März, wenn die zu Ehren des irischen Nationalheiligen veranstaltete Parade hier endet. Das im neugotischen Stil erbaute Gotteshaus ist die größte katholische Kirche der USA und bietet Platz für 2500 Gläubige (tgl. 6.30–20.45 Uhr, www.saintpatrickscathedral.org).

Rockefeller Center ⭐

Der Kirche gegenüber öffnet sich zwischen 49th und 50th Streets eine schmale, lange und leicht abschüssige Fußgängerstraße. Wasserbecken mit reitenden Nymphen und Faunen, Büsche und Blumen zieren sie. Ihr Name: **Promenade**. Ihre Funktion: festliches Entree, Einstimmung in die Welt des Rockefeller Center. Die riesige Anlage ist eine Stadt in der Stadt, die sich von der Fifth bis über die Sixth Avenue hinaus und von der 48th bis nördlich der 51st Street erstreckt. Hier findet man alles: Büros, Restaurants und Geschäfte, Theater und Kinos, Parks, Wasserfälle und Bäume.

Die Architekten wollten Raum in all seinen Dimensionen gestalten. In der Tiefe – die Versorgung wird über ein unterirdisches Straßennetz geregelt; in der Höhe – die Gebäude verjüngen sich nach oben, um genügend Licht hereinzulassen. Und in der Horizontalen, einer perfekten Komposition von freier, teils gestaffelter Fläche, schmalen Durchgängen und breiten Straßen.

Rund um die Lower Plaza

Herzstück der Anlage ist die **Lower Plaza** 14 [C7]. Hier kann man im Sommer einen Kaffee trinken; im Winter drehen Eisläufer ihre Pirouetten **50 Dinge** ③ › **S. 12**. Bunte Fahnen wehen, vor dem Wasserfall schwebt der goldene »Prometheus«. Dieses Werk von Paul Manship ist das bekannteste, aber nicht das einzige Kunstwerk im Rockefeller Center: 30 Künstler schufen hier mehr als 100 Bilder und Plastiken.

So ist beispielsweise vor dem **International Building** 15 [C7] an der Fifth Avenue der »Atlas« von Lee Lawrie zu bewundern; eine Figur vom selben Künstler, die »Weisheit«, thront über dem Eingang des **General Electric Building** 16 [C7] (früher RCA Building).

Vorweihnachtliches Ritual der New Yorker: Schlittschuhpartie im Rockefeller Center

Das **Top of the Rock,** die Besucherplattform im 69. Stock des General Electric Building, bietet einen fantastischen Rundblick auf die Stadt, für den man meist keine ewig langen Wartezeiten in Kauf nehmen muss: Auf den Tickets (am besten vorab online reservieren) ist die Einlasszeit vermerkt – das klappt wunderbar und gänzlich ohne Gedränge (W. 50th St., zw. 5th/6th Aves., tgl. 8–24 Uhr, letzter Aufzug 23.15 Uhr, 34 $, Sun-&-Stars-Ticket für zwei Besuche am Tag 49 $, www.topoftherocknyc.com).

Geschichte des Rockefeller Center

Die Anlage wurde von einem einzigen Mann finanziert, von John D. Rockefeller Jr. Dass die Rockefellers in Geld schwimmen, ist eine bekannte Tatsache. Es mag aber doch verwundern, dass John D. die rund 120 Mio. $ für den Bau in einer Zeit aufbrachte, zu der Amerika in der tiefsten Depression seiner Geschichte steckte: Die ersten 14 Gebäude im Art-déco-Stil entstanden in den Jahren 1931–1940. Tausende von Menschen, die sonst arbeitslos gewesen wären, fanden auf der Großbaustelle Beschäftigung.

Radio City Music Hall 17 [C7]

Auch dieses Theater, eines der Highlights des Rockefeller Center, wurde zu Depressionszeiten errichtet (1932); das erstaunt umso mehr, als hier mit so viel Prunk, Pomp und hochwertigen Materialien gebaut wurde, als stünden nicht Zigtausen

In der Radio City Music Hall treten Amerikas populärste Entertainer auf

de von Arbeitslosen vor den bronzenen Türen. Die Kulisse für die Scheinwelt ist perfekt: Ein sechsstöckiges Foyer mit herrschaftlicher Treppe empfängt den Besucher; man versinkt in samtenen Polstern; die goldumrahmte Bühne ist so breit wie ein Straßenblock. Sonne, Mond und Sterne erscheinen auf Knopfdruck; Blitz und Regen lassen sich kommandieren.

Die 6200 Plätze waren selbst in Krisenzeiten immer ausverkauft, wenn die berühmte Revuetruppe der »Rockettes« auftrat oder die neuen Tonfilme über die Leinwand flimmerten. Die Teilnahme an einer Führung durch das Theater lohnt allein schon wegen des grandiosen Art-déco-Dekors (tgl. 9.30–17 Uhr, Anmeldung unter Tel. 212-247-4777, 26,95 $, www.radiocity.com).

Austrian Cultural Forum 18 [C7]

Auf dem Weg entlang der Fifth Avenue nach Norden lohnt ein kurzer Abstecher in die East 52nd Street, wo es ❗ die außergewöhnliche Fassade des Austrian Cultural Forum (Nr. 11) zu bewundern gibt. Der 24 Stockwerke hohe Bau von 2002, ein Werk des Österreichers Raimund Abraham, steht auf einem nur 7,50 m breiten Grundstück.

Museum of Modern Art 19 ⭐ [C7]

Nach einem 860 Mio. Dollar teuren Umbau, dem das benachbarte Folk Art Museum zum Opfer fiel, präsentiert sich das MoMA in einem betont schlichten Gebäude. Schwarzer Granit, Aluminium, weißes und graues Glas – so zeigt es sich von außen.

Im Inneren gibt es im Vergleich zum alten MoMA mehr Platz. Das Museum nimmt nun fast einen Block ein. Die Umgestaltung ermöglichte auch eine Neukonzeption der Ausstellung. Die Räume sind durchlässig, man weicht von der klassischen Führung ab und ermöglicht es dem Besucher, den Weg selbst zu bestimmen.

Das MoMA besitzt eine ausgezeichnete Gemäldesammlung mit Epoche machenden Bildern wie den berühmten »Demoiselles d'Avignon« von Picasso und anderen Meisterwerken des 20. Jhs. Jeder Künstler, der einen Namen hat, ist hier mit mindestens einem Werk vertreten.

Zudem umfasst die Sammlung Druckgrafik und Zeichnungen, Architektur und Design sowie eine Foto- und Filmkollektion. Unbedingt sehenswert, trotz des hohen Eintrittspreises (11 W. 53rd St, tgl. 10.30–17.30, Fr 10.30–20 Uhr, 25 $, günstiger mit City Pass › **S. 175**, www.moma.org).

Shopping

MoMA Design Store [C7]
Eine Fundgrube für alle Designliebhaber **50 Dinge** ㊲ › **S. 16**. Neben Möbelstücken, Vasen und Besteck gibt es auch Poster und Spielzeug zu kaufen. Eine Filiale existiert in SoHo (81 Spring St.).
• 44 W. 53rd St.

Fifth Avenue ⭐

An der Fifth Avenue (Nr. 725), wo Edelgeschäfte Seite an Seite mit Kettenläden stehen, liegt auch der Eingang zum **Trump Tower** [20] [C7]: Im Atrium stehen die vergoldeten Ts, mit denen der egomane Bauherr Donald Trump, neuerdings designierter US-Präsident, seinem Namen 1984 ein Denkmal gesetzt hat. Von der Lobby aus blickt man auf einen 60 m hohen Wasserfall vor lachsfarbener Marmorwand, auf gleißende Rolltreppen, goldene Schaufenster, goldene Lifte, Glas und Spiegel, die den Kitsch unendlich vervielfachen. Die Geschäfte hier sind vom Feinsten und Teuersten.

Lieber im Museum als im Wohnzimmer

Den Grundstock für die meisten New Yorker Museen bildete die Sammlung einer der Millionärsfamilien der Stadt. So wie das Whitney Museum auf die Initiative von Gertrude Whitney Vanderbilt › **S. 150** zurückgeht, verdankt auch das MoMA seine Entstehung einer der First Ladies von New York. Abby Rockefeller, die Frau von John D. Rockefeller Jr., sammelte mit Begeisterung und zum Leidwesen ihres Gatten Werke zeitgenössischer Künstler: Georgia O'Keeffe, Pablo Picasso und Georges Braque waren darunter sowie Maler der Gruppe »Ashcan School«. Ashcan bedeutet »Aschentonne«, und das sagt schon genug aus über das Ansehen, das die jungen Künstler damals in bürgerlichen Kreisen genossen. Der Verdacht liegt nahe, dass John D. es satt hatte, das moderne Zeug im Wohnzimmer zu sehen, und sich daher entschloss, seiner Frau ein paar Millionen zu opfern und ihr den Traum vom eigenen Museum zu erfüllen.

Ein gläserner Kubus bildet den spektakulären Eingang zum Apple Store an der Fifth Avenue

Der Trump Tower steht neben dem Schmuckunternehmen **Tiffany & Co. 50 Dinge** ㉜ › **S. 15**, das durch den Film »Frühstück bei Tiffany« mit Audrey Hepburn in der Hauptrolle weltbekannt wurde. Hier kann man für Juwelen, perlenbesetzte Kämme, Diademe etc. viel Geld loswerden. Dem hochkarätigen Namen zum Trotz stand Tiffany Ende der 1970er-Jahre vor ernsten Problemen. Donald Trump, der gerade nebenan ein Kaufhaus erworben hatte, nützte die Situation und bot Tiffany 5 Mio. $ für dessen Luftrechte. Mit denen kann man in New York nämlich handeln und das geht folgendermaßen: Der Besitzer eines niedrigen Gebäudes verpflichtet sich, die ihm zustehende Bauhöhe nicht auszuschöpfen und verkauft sein Recht auf Höhe an den Nachbarn. Der kann das niedrige Haus nun überbauen oder darf auf seinem Grundstück um genau so viele Meter höher bauen, wie der andere unterhalb der maximalen Grenze bleibt. Trump errichtete auf diese Weise 68 Stockwerke, in Bestlage!

Shopping

Die exklusivsten Geschäfte auf der Fifth Avenue liegen zwischen 48th und 59th Streets. Hier reihen sich ❗ luxuriöse Kaufhäuser und teure Designerboutiquen. Dem Kaufrausch frönen kann man aber auch mit knapperem Budget: Viele US-Ketten unterhalten an der Fifth Avenue riesige Flagshipstores. Unter den Kaufhäusern ragen die Traditionsgeschäfte **Saks Fifth Avenue [C7]** (Nr. 611) und **Bergdorf Goodman [C6]** (Nr. 754) hervor. Ein gut gefülltes Portemonnaie sollte man bei **Gucci [C7]** (Nr. 725, im Trump Tower), **Cartier [C6]** (Nr. 767) und **Louis Vuitton [C7]** (Nr. 611/Kaufhaus Saks und 1 E. 57th St.) mitbringen. Der Ruf, Billigware zu verkaufen, haftet auch dem angesagten Freizeitmode-Label **Hollister [C7]** (Nr. 668) nicht an.

Natürlich ist auch **The Gap** [C7] mit mehreren Filialen an der Fifth Avenue vertreten (z. B. Nr. 680). Gigantische Tempel für Sportbekleidung sind **Nike-Town** [C6] (6 E. 57th St) und **NBA Store** [C7] (Nr. 545). Unterhaltungstechnologie von morgen präsentiert der nonstop geöffnete **Apple Store** [C6] (Nr. 767), dessen 10 m hoher Glaswürfel schon an sich eine Sehenswürdigkeit ist. Originell gestaltete Flagshipstores eröffneten der amerikanische Schuhdesigner **Stuart Weitzman** [C7] (Nr. 685) und das durch großflächige Blumenmuster bekannt gewordene finnische Design-Label **Marimekko** [C8] (Nr. 200).

Grand Army Plaza 21 [C6]

Das legendäre Plaza Hotel existiert leider nicht mehr in seiner alten Form – der Großteil der Räume in dem Zuckerbäckerbau, 1907 im Stil eines französischen Château errichtet, wurde inzwischen in Apartments umgewandelt, die Hotellerie spielt nur noch eine marginale Rolle – aber Proteste erreichten, dass die traditionellen Restaurants und Bars wie der **Palm Court** und der **Oak Room** erhalten blieben. Ein Drink in der Bar gehört zum Abschluss dieses Weges, man muss allerdings halbwegs ordentlich angezogen sein, um Einlass zu finden.

Der Brunnen auf der Grand Army Plaza erinnert an Joseph Pulitzer, den Vater des modernen Journalismus. An der Ecke zum Central Park warten Pferdekutschen auf Kunden, die dem Getriebe für eine Weile entgehen und gemütlich durch New Yorks grüne Lunge › **S. 145** gefahren werden wollen.

Östlich der Fifth Avenue

Verlauf: Grand Central Station › **42nd Street** › **United Nations Headquarters** › **Park Avenue** › **Citigroup Center** › **Sony Building** › **IBM Building Madison Avenue** › **Bloomingdale's** › **Roosevelt Island**

Karte: Seite 124
Dauer: 3–4 Std.
Praktische Hinweise:
- **Start** Ⓢ Grand Central Station – 42nd St. (U-Bahnlinien 4, 5, 6, 7, S)
- **Ziel** Ⓢ 59th St./Lexington Ave. (U-Bahnlinien N, Q, R, 4, 5, 6)
- Wer den Tag früh beginnt, kann in der Galerie von Grand Central Station Posten beziehen und von oben beobachten, wie Manhattan den Werktag beginnt: 500 000 Pendler kommen hier täglich an und eilen durch die Große Halle.
- Zum Frühstück geht es anschließend in den Food Court.

Tour-Start: **Grand Central Terminal** 22 ⭐ 9 [C7]

Der Bahnhof wurde 1913 fertiggestellt und ist ein Paradebeispiel der Beaux-Arts-Architektur. Allein die riesige Halle **50 Dinge** ㉚ › **S. 15** misst 38 × 83 m und ist 35 m hoch. Mit diesem Bau haben sich die Vanderbilts ein Denkmal gesetzt: Der Stammvater Cornelius Vanderbilt besaß zwölf Eisenbahnlinien, die er zur »Grand Central« zusammenschloss, sein Sohn William Henry erweiterte das Unternehmen, und der Enkel errichtete den gegenwärtigen Bahnhof, der seit den 1970er-Jahren unter Denkmalschutz steht und 1998 großzügig renoviert wurde (89 E. 42nd St.).

Zwischenstopp: Restaurants

Zwischenstopp: Restaurants

Gute Restaurants sind auf der Ostseite der 42nd Street dünn gesät. Dass das beste sich ausgerechnet im Untergeschoss des Hauptbahnhofs befindet, darf Gourmets nicht abhalten. In der **Oyster Bar** ❶ €€ › **S. 40** herrscht zwar eine gewisse Schwemmenatmosphäre, aber die Küche ist ausgezeichnet. Hervorragend ist auch **Michael Jordan's Steak House** ❷ €€–€€€ (Tel. 212-655-2300). Wer nur schnell etwas Leckeres zu sich nehmen will, findet im **Food Court** ❸ im Untergeschoss des Grand Central Terminal diverse Imbissstände.

42nd Street

Entlang der 42nd Street reihen sich einige Art-déco-Gebäude, in die man im Vorübergehen einen Blick werfen sollte: das **Haus Nr. 110 E. 42nd St.** 23 [D7] und das **Chanin Building** 24 [D7] (Nr. 122) beide in den 1920er-Jahren errichtet und mit prächtigen Lobbys ausgestattet.

Ein weiteres Schmuckstück im Art-déco-Stil steht an der Ecke 42nd Street/Lexington Avenue (Nr. 405), das **Chrysler Building** 25 ⭐ [D7]. Sein eigenwilliger, aus Stahlbögen gefertigter Turm gehört zu den künstlerischen Höhepunkten der Skyline New Yorks; sehenswert ist aber auch die Lobby mit den 18 Fahrstühlen, an denen großartige Intarsienarbeiten zu bewundern sind. Mit diesem Gebäude wollte sich der Autohersteller Walter P. Chrysler ein Denkmal setzen; als es 1930 gebaut wurde, war es mit 319 m das höchste Bauwerk in New York.

Kurz bevor man zur 2nd Avenue kommt, passiert man rechter Hand das 1930 erbaute **Daily News Building** 26 [D7] (220 E. 42nd St.), ein Gebäude mit einer prachtvollen Eingangshalle, in der sich ein riesiger Globus dreht. Auf der linken Straßenseite ermöglicht die **Ford Foundation** 27 [D7] (321 E. 42nd St.) einen Kurzbesuch in der Stille: Das Atrium ist eine 40 m hohe grüne Oase. Kann man sein Haus schon nicht in einen Garten stellen, dann sollte man wenigstens einen Garten im Haus anlegen – unter dieser Devise wurden in den letzten Jahrzehnten immer mehr Bürogebäude mit Atrien ausgestattet, die Ähnlichkeit mit Gewächshäusern haben. Ein Gesetz von 1961 begünstigt die innere Begrünung der Stadt: Wer der Öffentlichkeit Plätze schenkt, darf mehr vermietbaren Raum schaffen, also höher bauen, als es die Bauordnung zulässt.

United Nations Headquarters

Der Verdacht, dass in dieser Stadt ganz spezielle, für Außenstehende unverständliche, sich von Viertel zu Viertel ändernde Gesetze gelten, bestätigt sich in dem schmalen Geviert zwischen East River und 1st Avenue, 42nd und 48th Street: Hier haben nicht einmal die Gesetze der Vereinigten Staaten Gültigkeit! Doch keine Angst – das Areal der UN Headquarters ist sicher. Dass hier eigene Gesetze gelten, ist ein Zeichen von Exklusivität. »Exterritoriales Gebiet«, so lautet der juristische Fachausdruck und das bedeutet, dass die Vertreter der 193 Staaten, die hier arbeiten, besondere Rechte genießen.

Das Hauptquartier der UN besteht aus vier Gebäuden, die sich hinter einem Wall von bunten Fahnen erheben – jedes Mitglied der internationalen Organisation zeigt hier Flagge. Auch künstlerisch hat jeder UN-Staat etwas beigetragen: In den Gebäuden und Gärten finden sich Kunstwerke aus aller Herren Länder.

Geschichte

Bevor sich der Duft der großen weiten Welt am East River breit machte, stiegen den Bewohnern der angrenzenden Viertel ganz andere Gerüche in die Nase – und zwar solche von Leimfabriken und Gaswerk, Schlachthof und Brauereien. Diese müssen zudem einen so furchtbaren Anblick geboten haben, dass sich die Architekten, die 1928 den Apartmentkomplex **Tudor City** 28 [D7] bauten, entschlossen, die Front gen Osten lieber ohne große Fenster zu lassen.

Die UN-Gebäude

1950 war das erste UN-Gebäude bezugsfähig, das **Secretariat Building** 29 [D7], dessen schmaler Turm die Anlage beherrscht. Es folgten das **Conference Building** 30 [D7], der niedrigste Bau des Komplexes, das **General Assembly Building** 31 [D7], das als Auditorium dient, und

Art-déco-Ikone: die stählerne Spitze des Chrysler Building

schließlich die **Dag Hammarskjöld Library** 32 [D7]. Dem Anliegen gemäß, eine Vielvölkerinstitution zu schaffen, war auch das Architektenteam bunt gemischt; u. a. beteiligten sich Le Corbusier (Frankreich), Oscar Niemeyer (Brasilien) und Sven Markelius (Schweden). Architektonisch ist das Ensemble keine Meisterleistung. Dennoch lohnt es sich, die Stätten, an denen so viele weltpolitisch bedeutende Entscheidungen gefällt werden, im Rahmen einer Führung zu besichtigen (Tickets online, Restkarten am Besuchereingang 801 1st Ave./46th St., 45-minütige Führungen Mo–Fr 9–16.30, Sa 10–16.30 Uhr, http://visit.un.org).

Zwischenstopp: Restaurant

Delegates' Dining Room ❹ €€ [D7]

In den United Nations trifft sich die Welt nicht nur zum Arbeiten, sondern auch zum Essen. Was da so multikulturell auf den Tisch kommt, kann man hier probieren. Auf angemessene Kleidung achten!

- Lunch-Buffet Mo–Fr 11.30–14.30 Uhr
  Reservierung erforderlich unter
  http://ddr-reservations.com

Entlang der Park Avenue

Über die 48th Street gelangt man zur **Park Avenue,** einer breiten Prachtstraße mit Grünstreifen in der Mitte. Für dessen Unterhalt sorgen die anliegenden Bewohner, die die Blümchen locker aus der Portokasse zahlen: Park Avenue ist eine der besten Adressen in Manhattan; wer hier wohnt, hat es geschafft.

Links liegt der Bahnhof, überragt vom **MetLife Building** 33 [D7] (Nr. 200), einem Bau von Walter Gropius (1963). Wendet man sich rechts, gelangt man zum **Waldorf-Astoria** 34 [D7] (Nr. 301). Obwohl heute längst nicht mehr das exklusivste, ist es doch neben dem »Plaza« das berühmteste Hotel New Yorks. Hier wurde die Apollo 11-Crew nach der Mondlandung begrüßt, hier steigen gekrönte Häupter und der Geldadel ab, treffen sich Größen aus Politik und Kunst.

Der berühmte Waldorf-Salat **50 Dinge** ⑯ › **S. 14** steht immer noch auf der Karte, kreiert wurde er allerdings im ursprünglichen Waldorf-Astoria an der Fifth Avenue, das beim Bau des Empire State Building abgerissen wurde.

Entlang der Park Avenue nordwärts spazierend, stößt man auf zwei bahnbrechende Bauwerke. Mit dem **Seagram Building** 35 [D7] (Nr. 375) erregte Mies van der Rohe 1958 Aufsehen, da er erstmals den Platz zu Füßen eines Gebäudes unbebaut ließ. Sein Beispiel sollte Schule machen: Die »Platzgeschenke« an die Öffentlichkeit › **S. 59** wurden dadurch initiiert. Den Eingang des Seagram Building akzentuiert Alexander Calders Skulptur **Ordinary.**

Das **Lever House** 36 [D6] (Nr. 390, zw. 53/54th Sts.) ist ein weiterer architektonischer Trendsetter: 1952 erbaut, war er der erste Curtain-Wall-Wolkenkratzer aus Stahl und Glas. Zur Zeit seiner Erbauung wirkte das transparente Gebäude in seinem noch meist mit Stein verkleideten Umfeld wie eine Vision aus der Zukunft. Der gesamte Baukörper steht auf Stützen und schafft so unter sich neuen öffentlichen Raum. Auch hier ziert ein Kunstwerk die Plaza: Damien Hirsts kontrovers diskutierte **Virgin Mother.**

Zwischenstopp: Restaurant

Nerai ❺ €€€ [C7]

Wer denkt, dass sich die griechische Küche ausschließlich über Gyros und Souvlaki definiert, wird im Nerai auf das Köstlichste eines Besseren belehrt. Auf der Speisekarte finden sich hellenische Traditionsgerichte wie Spanakopita (Blattspinat und Feta in Filoteig), aber auch Neuinterpretationen wie Enten-Moussaka mit Linsen und Feigen-Jus.

- 55 E. 54th St. (zw. Madison/Park Aves.)
  Tel. 212-759-5554
  https://nerainyc.com/

Die Fassade des Citigroup Center besteht aus Aluminium und Glas

Das postmoderne New York

Citigroup Center 37 [D7]

Das Citigroup Center an der Lexington Avenue (Nr. 601) bietet neben dem ästhetischen Genuss – der 1978 erbaute Komplex gilt als eines der schönsten postmodernen Bauten New Yorks – vielfältige Konsummöglichkeiten: Restaurants, Shops, Ladenstraßen, das alles eingebettet in eine künstliche Landschaft mit Blumenrabatten, Bäumen und Brunnen. Das Citigroup Center ist 279 m hoch und ruht auf 40 m hohen Säulen. Auch hier war der Kauf von Luftrechten nötig, um in derart schwindelnde Höhen bauen zu dürfen. Die St. Peter's Church, die diese Rechte besaß, gab sie nur unter der Bedingung ab, dass im Neubau eine Kirche errichtet würde. Was dabei herauskam, ist sehenswert!

Sony Building 38 [C7]

An der Madison Avenue stehen zwischen 55th und 57th Street Seite an Seite zwei recht umstrittene postmoderne Gebäude. Vor allem das 1983 fertiggestellte Sony Building (Nr. 550, ehemals AT&T Building, Architekten: Philip Johnson, John Burgee) erregte die Gemüter der Kritiker wegen seines verspielten Giebels, der an Standuhren des 18. Jhs. erinnert – die New Yorker nennen den Hochhausturm aus diesem Grund auch »Chippendale«.

IBM Building 39 [C7]

Das IBM Building von 1984 wird heute nach seiner Hausnummer **590 Madison Avenue** genannt. Auch hier profitiert man als Tourist von den »Platzgeschenken« des Architekten Edward Larrabee Barnes an die Öffentlichkeit: Im Atrium kann man relaxen, bevor es weitergeht zu Bloomingdale's und auf die Insel. Der Basis des Wolkenkratzers aus poliertem schwarzen Stein fehlt eine Ecke, weswegen Teile des massigen Turmes in der Luft zu schweben scheinen. Die entstandene Leerstelle nimmt Alexander Calders Plastik **Saurien** ein.

Shopping

Hammacher Schlemmer [D7]

Selbst wer schon alles hat, findet hier garantiert etwas, was das Leben noch einen Tick komfortabler macht. Nützliches und Unsinniges für Garten, Haushalt, Sport – es macht Spaß, durch den Laden zu bummeln und sich anzuschauen, was der menschliche Erfindungsgeist so alles hervorbringt.

• 147 E. 57th St., Nähe Lexington Ave.

Zu »Bloomie's« und auf die Insel

Über die 59th Street erreicht man Richtung Osten wieder die Lexington Avenue und kann dort eines der Resultate des Baubooms der 1980er-Jahre bewundern, eine Kreation aus blauem Glas, deren Spitze an einen dicken Bleistift erinnert. Das von Helmut Jahn entworfene Gebäude **750 Lexington Avenue 40 [D6]** wirkt besonders interessant, wenn man es von der 57th Street aus betrachtet. Dort, an der Ecke zur Lexington Avenue, steht ebenfalls ein modernes Gebäude, ein Werk des Architekten William Pedersen, das wegen der originellen Ecklösung viel Beachtung fand: Durch die Krümmung der Fassade entstand eine Plaza in Form eines Viertelkreises.

Hinein in die Welt des Konsums: Das berühmte Kaufhaus **Bloomingdale's 41 [D6]** nimmt den ganzen Block zwischen Lexington und 3rd Avenues, 59th und 60th Streets ein. »Bloomies« ist Teil des Mythos New York, ein perfekt organisiertes und inszeniertes Konsumparadies über sieben Stockwerke. Delikatessen, Kosmetika, Wäsche, Lampen, Möbel – »Bloomies« führt alles, vom Feinsten natürlich, allerdings findet sich auch für den schmalen Geldbeutel etwas. Kultstatus haben die Bloomingdale-Einkaufstaschen erlangt, simple braune Papiertüten mit dem Aufdruck »medium (bzw. big oder small) brown bag«.

Ecke 2nd Avenue/60th Street liegt die Haltestelle der **Roosevelt Island Tramway 42 [D6]**, einer Seilbahn, die über den East River zur Roosevelt Island führt. Der Blick auf Dächer und Dachgärten eröffnet neue Perspektiven **50 Dinge 22** › S. 14 (bezahlt wird mit der MetroCard, Fahrplan unter https://rioc.ny.gov/tramtransportation.htm).

Neue Perspektiven eröffnen sich auch für **Roosevelt Island.** Auf der bis dato verschlafenen Insel hat die Cornell University 2012 mit dem Bau des NYC Tech Campus begonnen. Dieses Projekt wird nicht nur modernste Architektur auf das ansonsten recht unattraktive Eiland bringen, es ist auch eine Brückenverbindung nach Manhattan geplant. Allerdings nur für Fußgänger und Radfahrer.

Südliches Ende des Central Park
mit dem See »The Pond«

UPTOWN

Kleine Inspiration

- **Der Sonntagsroutine** der Manhattanites folgen – nach dem Brunch das bunte Treiben im Central Park genießen › S. 146
- **Den Park mit Millionärsaugen sehen** – vom Dachgarten des Metropolitan Museum aus › S. 148
- **Innehalten** auf den Strawberry Fields und des ermordeten Ex-Beatles John Lennon gedenken › S. 152
- **Eine faszinierende Zeitreise** durch die Erdgeschichte erleben – beim Besuch einer Space Show im Rose Center for Earth and Space › S. 153

In Uptown säumen New Yorks grüne Lunge, den Central Park, auf der Ostseite hochkarätige Museen, auf der Westseite Musentempel und schlossähnliche Apartmenthäuser.

Grüne Lunge und Wohnzimmer, Spielplatz für Groß und Klein, Erholungs- und Sportstätte, Habitat für Vögel, Waschbären und Eichhörnchen – all das ist der Central Park. Und niemand wird den New Yorkern widersprechen, wenn sie ihn als schönsten Park der Welt bezeichnen. Das ist er, nicht nur wegen der grandiosen Gartenarchitektur, dieser Mischung aus gestalteter und ungebändigter Natur, sondern auch wegen des Rahmens, in den er gebettet liegt: die einzigartige Kulisse der den Park säumenden Hochhäuser.

Kein Wunder, dass hier schon seit Ende des 19. Jhs. die Reichsten der Reichen leben. Wo Fifth Avenue den Park begleitet, wird sie in ihrem südlichen Bereich zur Millionaires' Row, die Nähe zum Grün adelt auch die Gegend um die weiter östlich liegenden Avenues und macht die Upper East Side zur teuersten Wohngegend Manhattans. Diejenigen, die im Osten mit Parkblick leben, genießen die Kulisse der Upper West Side, wo die mächtigen Apartmentbauten über die Baumgrenze ragen. Wenn man diesen privilegierten Blick nicht erleben und auf der Einkaufsmeile Madison Avenue nicht die Centurion-, Ultima- oder Excellence-Kreditkarte zücken kann, wirkt die Upper East Side eher steril, trotz einiger sehr schöner Straßen mit alten Townhouses.

Anders die Upper West Side, die eine bewegte Geschichte durchlief, in der es auch Kapitel mit Bandenkriegen im Slum gibt. Als die Upper West Side Ende des 19. Jhs. erschlossen wurde, schwebte den Grundbesitzern vor, dort ein elegantes Wohnviertel für ein zahlungsfähiges Publikum entstehen zu lassen. Dabei stand ihnen das negative Image der 8th, 9th, 10th und 11th Avenues im Weg. Also gab man den Kindern neue Namen – Central Park West, Columbus Avenue, Amsterdam Avenue, West End Avenue – und schon stiegen die Grundstückspreise ins Unermessliche …

Hier im Umfeld des Lincoln Center for the Performing Arts wohnten und wohnen noch immer Schauspieler, Musiker und Schriftsteller. Hannah Arendt, Anaïs Nin, Yehudi Menuhin, John Lennon, Scott Fitzgerald, Isaac B. Singer, Billy Joel, Mick Jagger, Harry Belafonte, Paul Simon – die Liste großer Namen ließe sich fast endlos fortsetzen.

Die Musen haben sowieso ihren festen Platz in Uptown. Hier liegen weltbekannte Museen wie das Metropolitan Museum, das neben seiner grandiosen Sammlung noch etwas ganz Besonderes zu bieten hat: einen Dachgarten. Dort kann man stehen und als Normalsterblicher den Blick genießen, der sonst nur Milliardären vorbehalten ist.

Touren in Uptown

Tour 11 Central Park und Museen

Verlauf: Central Park › Metropolitan Museum of Art › Guggenheim Museum › The Met Breuer › Frick Collection

Karte: Seite 146
Dauer: 3–4 Std. (ohne Museumsbesuche)
Praktische Hinweise:
- **Start** Ⓢ 5th Ave./ 59th St. (U-Bahnlinien N, Q, R)
- **Ziel** Ⓢ 68th St. – Hunter College (U-Bahnlinien 4, 6)

Tour-Start:
Central Park ⭐ [C3–6]
Geschichte

Wenn es nach dem Willen der Stadtplaner gegangen wäre, wäre Manhattan heute eine reine Steinwüste. Es gäbe keine »grüne Lunge«, keine Wiesen, Hügel und Wasserläufe mitten in der Stadt – kurz, es gäbe keinen Central Park. Denn die Mitglieder der Kommission, die 1811 über die städtebauliche Zukunft Manhattans entschieden, hatten nur vier winzige freie Plätze eingeplant; den Rest des Stadtgebiets wollten sie lückenlos mit Häusern und Straßen überziehen.

Zwischen 1820 und 1840 wuchs die Einwohnerzahl New Yorks von 124 000 auf 313 000 und nun regten sich kritische Stimmen. Schriftstel-

ler, Maler und Landschaftsarchitekten setzten sich dafür ein, dass ein Stück Land im Zentrum der Insel aus dem Bebauungsplan genommen und als Parkgebiet frei gehalten werde. 1853 war es endlich soweit: Die Stadt erwarb einen 4 km langen schmalen Streifen Landes zwischen 8th und 5th Avenues, 59th und 110th Streets.

Wenn man heute die Wege entlang spaziert, die um Baumgruppen, Wiesen, Seen und Felsen führen, wenn man die Vögel beobachtet, die mitten in der Millionenstadt in erstaunlicher Vielfalt leben, dann fällt es schwer sich vorzustellen, dass Mitte des 19. Jhs. hier nichts war als stinkende Sümpfe, dürres Gestrüpp, Steine und Felsbrocken.

Gartenarchitekten müssen visionäre Qualitäten besitzen, schließ-

Die Shakespeare-Statue im Central Park ist der Treffpunkt der New Yorker Tangoszene

lich erleben sie die volle Entfaltung ihres Werks in der Regel nicht. Trotzdem mag bezweifelt werden, dass Frederick Law Olmsted und Calvert Vaux, die 1857 den Central-Park-Wettbewerb gewonnen hatten, sich auch nur die geringste Vorstellung von dem machen konnten, was sich hier heute abspielt: Ganze Familien picknicken auf den Rasen-

flächen, Filmstars joggen im Rudel ihrer Leibwächter; professionelle Dogwalker mit bis zu einem Dutzend Hunden an dicken Leinen ziehen ihre Kreise.

Unterwegs im Park

Der beste Tag, um den Park zu erleben, ist der Sonntag, ohnehin ein besonderer Tag. Denn plötzlich ist

Manhattan leer: Die Pendler bleiben in den Vororten, die Manhattanites unter sich. Die Stadt wirkt träge, gemütlich; die Fifth Avenue gehört den Fußgängern, die es nach einem ausgiebigen Brunch unweigerlich in den Park zieht. Der wird dann zur Bühne und alle sind Teil der großen Show: Die wohlhabenden Ladies der Upper East Side ebenso wie die Schwarzen und Puertoricaner, die sich als Breakdancer profilieren, oder die asiatischen Pärchen, die sich im Grünen gern das Jawort geben.

Man spaziert am besten von der Grand Army Plaza hinauf zum Lake. Dabei kommt man am **Wollman Memorial Rink** **1** [C6] vorbei, den man, je nach Jahreszeit, mit Schlittschuhen oder Roller Skates betreten kann. Der kleine, aber liebevoll gestaltete **Zoo** **2** [C6] ist durchaus einen Besuch wert. In der **Dairy** **3** [C6] kann man sich informieren, welche Attraktionen der Central Park noch zu bieten hat.

Über die Mall, eine von Alleebäumen und Büsten berühmter Künstler gesäumte Straße, auf der immer etwas los ist, erreicht man den **Bethesda Fountain** **4** [C6] und den Lake, an dem **The Boathouse** mit Restaurant und Café liegt.

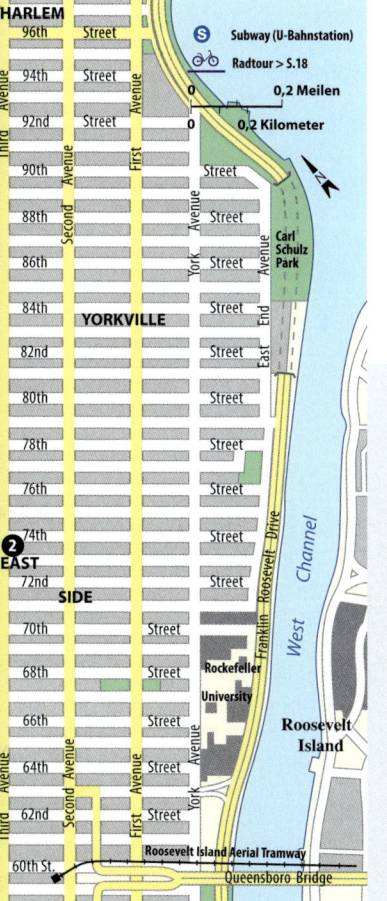

Touren in Uptown

Tour ⑪

Central Park und Museumsmeile

1 Wollman Memorial Rink
2 Zoo
3 Dairy
4 Bethesda Fountain
5 Belvedere Castle
6 Delacorte Theater
7 Solomon R. Guggenheim Museum
8 Whitney Museum of American Art
9 Frick Collection

Tour ⑫

Die Upper West Side

10 Lincoln Center for the Performing Arts
11 American Folk Art Museum
12 Hotel des Artistes
13 Strawberry Fields
14 Dakota Building
15 American Museum of Natural History

Nördlich des Sees verbreitet **Belvedere Castle** 5 [C5] einen Hauch von Mittelalter-Romantik, daneben liegt das **Delacorte Theater** 6 [C5], eine Freilichtbühne.

Metropolitan Museum of Art ⭐ [C5]

Das einzige große Gebäude, das auf dem Parkgelände geduldet wird, ist das Metropolitan Museum of Art Am Entwurf war Calvert Vaux beteiligt; allerdings ist von dem ursprünglichen, 1880 eröffneten Backsteinbau nur noch vom Central Park aus ein Stück zu sehen. Immer neue Teile und Flügel wurden angebaut, um die enorme Sammlung aufzunehmen, und trotzdem kann man heute nur ein Viertel der mehr als 3 Mio. Stücke ausstellen, die das Museum besitzt. Die beiden jüngsten baulichen Erweiterungen sind der dreistöckige **American Wing** (1980) und der **Lila Acheson Wallace Wing** (1987), zu dem ein Dachgarten (mit Bar) gehört, von dem aus man ❗ einen herrlichen Blick über den Park hat. Das Sammlungsspektrum reicht von steinzeitlichen Artefakten zu Werken zeitgenössischer Künstler. Neben amerikanischer und europäischer **50 Dinge** ㉙ › S. 15 wird auch ägyptische, afrikanische, islamische und asiatische Kunst gezeigt. Zu den Highlights gehören der Tempel von Dendur aus dem 1. Jh. v. Chr., der beim Bau des Assuan-Staudamms abgetragen werden musste, Frank Lloyd Wrights Arbeitszimmer und eine Bankfassade aus der Wall Street.

Leider führt kein Weg daran vorbei: Wenn man nicht Wochen im Metropolitan Museum verbringen will, muss man auswählen und sich auf ein paar wenige Räume konzentrieren. Ein Informationskiosk befindet sich in der Eingangshalle, Entscheidungshilfen bietet auch die Webseite unter »Suggested Itineraries« (5th Ave., zw. 80th/84th Sts., So–Do 10–17.30, Fr, Sa 10–21 Uhr, 25 $, www.metmuseum.org).

Mäzene und Museen

Das Metropolitan Museum lebt wie fast alle amerikanischen Kultureinrichtungen zum Großteil vom Mäzenatentum › S. 135. Das erklärt, warum sich gerade auf der Ostseite des Parks eine derartige Fülle von Museen findet: Dank Mrs. Astor wurde der Nordteil der Fifth Avenue zur Wohnadresse Nummer 1. Wer immer es sich leisten konnte, baute sich parkseitig gelegene Villen, von denen viele im Lauf der Zeit in Stiftungen umgewandelt wurden.

SEITENBLICK

Sportlich durch den Park

Der Central Park bietet diverse Möglichkeiten, sich sportlich zu betätigen: So kann man sich z. B. zu den vielen Manhattanites gesellen, die vor oder nach der Arbeit ums Reservoir joggen. Oder den Park auf Inline-Skates durchqueren (Verleih: **Central Park Sightseeing** [C7], 56 W. 56th St., Tel. 212-975-0785, http://centralparksightseeing.com). Ruderboote verleiht das **Loeb Boathouse** [C5] direkt am See (The Lake) **50 Dinge** ⑦ › S. 12. Dort kann man auch Fahrräder mieten.

In Salonhängung dicht gereihte Gemälde im American Wing des Metropolitan Museum

So befindet sich z. B. das **Jewish Museum** (1109 5th Ave./92nd St., › S. 65 in einem alten Prachtbau aus dem Jahr 1908, die umfangreiche Sammlung des **Cooper-Hewitt Museum of Design** [C4] ist in der früheren Villa des Millionärs Andrew Carnegie untergebracht (5th Ave./91st St., So–Fr 10–18, Sa 10–21 Uhr, 18 $, www.cooperhewitt.org).

In die elegante Residenz von Mrs. Cornelius Vanderbilt III. zog die **Neue Galerie** [C5], die eine hochkarätige Sammlung österreichischer und deutscher Kunst des 20. Jhs. beherbergt: u. a. Werke von Klimt, Schiele und Kokoschka (5th Ave./86th St., Do–Mo 11–18 Uhr, 20 $, www.neuegalerie.org).

Zwischenstopp: Restaurant

Café Sabarsky ❶ [C5]

Das Flair des alten Europa verbreitet dieses gemütliche Café im Erdgeschoss der Neuen Galerie, zu dessen Einrichtung auch Originalmobiliar der Wiener Werkstätten gehört.

Solomon R. Guggenheim Museum 7 ⭐ [C5]

Frank Lloyd Wright entwarf das 1959 eröffnete Gebäude, das schon seiner Architektur wegen einen Besuch wert ist: Von außen wirkt das

SEITENBLICK

Stadtgeschichte

Wer sich für New Yorks Geschichte interessiert, sollte die U-Bahnlinie 6 zur 103rd Street nehmen. Dort liegt das **Stadtmuseum**, das neben der permanenten Sammlung interessante Wechselausstellungen zu unterschiedlichen Aspekten des städtischen Lebens zeigt.

• **Museum of the City of New York** [C4]
1220 5th Ave. | Tgl. 10–18 Uhr
14 $ | www.mcny.org

Wiedergeburt eines Denkmals: Das »Met« hat eine Filiale im Breuer-Bau eröffnet

Die berühmte Sammlung der klassischen Moderne ist in dem Anbau aus dem Jahr 1992 untergebracht. In den Tower Galeries sind u. a. Werke von Kandinsky, Klee, Feininger, Picasso und Renoir zu sehen (1071 5th Ave., So–Mi und Fr 10–17.45, Sa 10–19.45 Uhr, 25 $, günstiger mit dem City Pass › S. 175, www.guggenheim.org).

The Met Breuer 8 [C5]

Der Umzug des Whitney Museum of American Art in den Meatpacking District drohte eine schmerzhafte Lücke in die Museumslandschaft von Uptown zu schlagen. Doch das Metropolitan Museum of Art hatte noch das eine oder andere Kunstwerk im Keller liegen und bot sich an, als Nachmieter des von Marcel Breuer entworfenen Gebäudes an der Madison Avenue einzuspringen. Nach einer behutsamen Renovierung nehmen nun ein Mu-

Museum wie ein auf den Kopf gestelltes Schneckenhaus › Abb. S. 66, innen windet sich eine spiralförmige Rampe nach oben, sodass man die Kunstwerke aus verschiedenen Blickwinkeln betrachten kann.

Im Guggenheim Museum finden große Sonderausstellungen statt.

SEITENBLICK

Die Upper East Side

Streng geografisch gesehen erstreckt sich die Upper East Side von der 59th bis zur 96th Street, sozial gesehen aber ist *die* Upper East Side auf ganz enge Grenzen beschränkt: Nur zwischen der 61st und der 81st und nur entlang der Achsen Fifth, Madison und Park Avenue lebt man, wenn man zur Crème de la Crème gehören will. Dazu muss man allerdings in der Lage sein, zweistellige Millionenbeträge für ein Apartment hinzublättern und auch sonst verschiedene Voraussetzungen erfüllen, damit die Mieterräte, die in den einzelnen Häusern regieren, einen als Mitbewohner akzeptieren. An Aspiranten besteht indessen kein Mangel: In Manhattan gibt es rund 320 000 Millionäre und 60 Milliardäre.

Schattige Seitenstraßen, gepflegte Häuser, bewacht von lautlos schwenkenden Kameras und diskreten, arroganten Portiers prägen das Bild der Upper East Side. Hier ist es schön, aber recht langweilig. Das Leben beginnt erst wieder östlich der Lexington Avenue. In dieser Gegend hat sich um die 3rd und 2nd Avenue eine interessante Restaurantszene etabliert.

seumscafé und ein Buchladen den gesamten 5. Stock ein, die Ausstellungsräume wirken aufgeräumter und großzügiger – das Met wendet sich dort der Gegenwart zu und zeigt Werke aus seiner Sammlung moderner und zeitgenössischer Kunst (945 Madison Ave., Di–Do und So 10–17.30, Fr, Sa 10–21 Uhr, 25 $, www.metmuseum.org).

Frick Collection 9 [C6]

Neben den Kunstschätzen, die der Stahlfabrikant Henry Clay Frick zusammentrug, ist auch sein ehemaliges Palais, 1913/14 im Stil des französischen Neoklassizismus erbaut, sehenswert. Man fühlt sich weniger wie in einem Museum, sondern vielmehr als Gast eines Mannes, der es sich leisten kann, sich mit erlesensten Kunstwerken zu umgeben. Zu den großen Namen, die hier vertreten sind, zählen Tizian, Vermeer, Goya, El Greco … (1 E. 70th St., Di–Sa 10–18, So 11–17 Uhr, 22 $, www.frick.org). Im Museum finden am So um 17 Uhr regelmäßig Konzerte statt. Man kann die Musik auch im Garden Court hören, wo der Hörgenuss umsonst ist.

Zwischenstopp: Restaurants

Wer nun eine trockene Kehle hat, sollte zu **J. G. Melon** 2 € [D5] (1291 3rd Ave./E. 74th St., Tel. 212-460-0900) spazieren. In dem gemütlichen Pub bekommt man ein kühles Bier und ausgezeichnete Burger zu reellen Preisen. Wer wissen will, was es mit dem Hype um die Burger-Kette **Shake Shack** 3 € [D5] auf sich hat, kann sich an der 154 E. 86th St. (Tel. 646-237-5035) ein Bild davon machen.

Die Upper West Side

Verlauf: Lincoln Center › Hotel des Artistes › Strawberry Fields › Dakota Building › American Museum of Natural History

Karte: Seite 146
Dauer: etwa 1 Std. (ohne Museumsbesuch etc.)
Praktische Hinweise:
- **Start** Ⓢ 66th St./ Lincoln Center (U-Bahnlinien 1, 2)
- **Ziel** Ⓢ 81st St./Museum of Natural History (U-Bahnlinien A, B, C)
- Macy's berühmte Thanksgiving Parade beginnt auf der Upper West Side. Die Figuren, die am 4. Donnerstag im November über den Straßen schweben, werden am Vorabend auf der Wiese nördlich vom American Museum of Natural History aufgeblasen, ein Ereignis, das man zusammen mit vielen Manhattanites und deren Kindern erleben kann.

Tour-Start:
Lincoln Center for the Performing Arts 10 [B6]

Hier stehen die wichtigsten Musentempel der Stadt versammelt › auch S. 48: das **Metropolitan Opera House,** das **David H. Koch Theater,** das sich das New York City Ballet und die New York City Opera teilen, die **David Geffen Hall,** Stammhaus der New Yorker Philharmoniker, die **Alice Tully Hall,** in der die Lincoln Center Chamber Music Society residiert, und die **Juilliard School,** in der hoff-

Die Metropolitan Opera steht für große
Klassik-Events mit Starbesetzung

nungsvolle Nachwuchstalente regelmäßig Proben ihres Könnens geben. Klassische Musik, Tanz oder
Oper – die Schüler und Schülerin-
nen der Juilliard School gehören zu
den Besten der Welt. Für wenig
Geld erlebt man hier erstklassige
Aufführungen (www.juilliard.edu).

Regelmäßig finden auch Führungen durch das Center statt (10 Lincoln Center Plaza, Termine: www.
lincolncenter.org/visit/tours, Start:
David Rubinstein Atrium, 20 $).

American Folk Art
Museum 11 [B6]

Das Museum gilt als wichtigste Aus-
stellungsstätte ihrer Art in den Vereinigten Staaten. In den neuen Räumen am Lincoln Square wird bei
erweitertem Platzangebot traditionelle Volkskunst aus allen Teilen der
USA gezeigt, einen Schwerpunkt

der Sammlung bilden Quilts (2 Lincoln Sq., Di–Do und Sa 11.30–19,
Fr 12–19.30, So 12–18 Uhr, Eintritt
frei, www.folkartmuseum.org).

Berühmte
Persönlichkeiten

Spaziert man auf der 67th St. zum
Park, kommt man am **Hotel des Artistes** 12 [C6] vorbei (Nr. 1), einem
jener Bauwerke, die man mit Namen
großer Künstler verbindet. Mit seinen riesigen Atelierräumen war das
Haus als Domizil für Maler gedacht;
es bot im Laufe der Jahre aber all
jenen eine Bleibe, die es sich leisten
konnten, hier zu wohnen, wie z. B.
der Tänzerin Isadora Duncan.

Den weiteren Weg zum Museum
of Natural History legt man im Park
zurück, wobei man in **Strawberry
Fields** 13 [C6] Rast machen und die
Stille genießen sollte. Yoko Ono ließ
das Gärtchen 1983 für ihren Mann
gestalten, den Ex-Beatle John Lennon, der 1980 vor dem nahen **Dakota
Building** 14 [C6] › S. 153 (1 W. 72nd
St.) erschossen wurde. John Lennon
lebte im Dakota – er und seine kleine Familie besaßen in dem noblen
Bau eine 28-Zimmer-Wohnung.
Augenfälligstes Element von Strawberry Fields ist ein rundes Boden-
mosaik mit den Worten »Imagine«
im Zentrum, ebenso wie »Strawberry Fields« ein Titel aus dem reichen
Repertoire John Lennons.

American Museum of
Natural History 15 ⭐ [B5]

Von außen wirkt das Museumsgebäude (1874–1899) wie ein antiker
Repräsentationsbau. Im Inneren

sind auf einer Fläche von ca. 50 000 m² Exponate zu den Themen Naturgeschichte, Anthropologie und Ethnologie untergebracht. Da gibt es Dinosaurier- und Walskelette zu bestaunen **50 Dinge** ⑥ › **S. 12**; die Mineraliensammlung stellt Superlative zur Schau wie den »Star of India«, den größten geschliffenen Saphir der Welt (463 Karat), oder den größten geschliffenen Edelstein der Welt (ein hellblauer Topas mit 21 327 Karat = 4,3 kg!). Außerdem kann man sich über das Leben in Afrika sowie die Kultur der Indianer und Inuit Nordamerikas informieren (tgl. 10–17.45 Uhr, 22 $, mit allen Attraktionen 35 $, günstiger mit City Pass › **S. 175**, www.amnh.org).

Unbedingt einen Besuch wert ist das **Rose Center for Earth and Space,** das dem Naturkundemuseum angegliedert ist. Mit modernsten Mitteln werden hier Ausstellungen zur Geschichte der Erde und des Universums präsentiert. Besonders spannend sind die Space Shows, die u. a. von Tom Hanks und Harrison Ford kommentiert werden. Jeden Freitagabend gibt es »Under the Sphere« Jazz live.

Shopping
Kangol [B6]
Hüte, Mützen, Base Caps … Kaum zu glauben, wie viele Kopfbedeckungen in den relativ kleinen Laden passen. Zum Bestseller mit Kultstatus avancierte die Kangol Flat Cap.
• 196 Columbus Ave., zw. 68th und 69th Sts.

Zwischenstopp: Restaurant
Dovetail ❹ €€–€€€ [B5]
Das kleine, exquisite Restaurant überzeugt durch seine ausgezeichnete Küche. Unbedingt probieren: Clam Chowder und Brioche Bread Pudding. Ein guter Deal sind die Degustationsmenüs.
• 103 W. 77th St., Ecke Columbus Ave. Tel. 212-362-3800
http://dovetailnyc.com

SEITENBLICK

Dakota in Manhattan

Das erste Gebäude, das die Gegend westlich des Parks hoffähig machte, war das American Museum of Natural History, das 1877 eröffnet wurde. Sieben Jahre später zog der erste vermögende Privatmann hinauf in den Westen: Edward Clark. Der Singer-Nähmaschinen-Erbe errichtete direkt am Park auf der Höhe der 72nd Street ein Apartmenthaus im Stil eines Schlosses. Das aristokratische Ambiente sah Clark damals vor, um seinen Mietern die Schwellenangst zu nehmen: Die New Yorker Oberschicht fand Apartmenthäuser damals noch vulgär. Auch was die Lage des »Schlosses« betraf, rümpfte die Fifth Avenue Society die Nase: So weit weg vom Geschehen, da könne man ja gleich in den Bundesstaat Dakota ziehen … Und schon hatte das Haus seinen Spitznamen weg: The Dakota. Allen Vorbehalten zum Trotz: Die Upper West Side setzte sich als Wohnadresse durch, und in Apartments zu leben wurde chic, wie die Reihe der großartigen Bauten beweist, die die westliche Seite des Central Park säumen.

HARLEM

Kleine Inspiration

- **In der voll besetzten Mount Zion Baptist Church** bei der Sonntagsmesse den stimmgewaltigen Chor aus voller Seele Gospels schmettern hören – Gottesdienst mal ganz anders › S. 157
- **Einen Jazzabend** in Harlem erleben – authentischer geht's nicht › S. 160
- **Einkaufen wie in Afrika** im Malcolm Shabazz Harlem Market › S. 160

Großartige Musik, renommierte Tanzensembles und Kunstinstitutionen wie das Studio Museum machen Harlem zu einem Zentrum afroamerikanischer Kultur.

Alle sprechen von Harlem, alle schwärmen von Harlem. Und das sind eher neue Töne. Sie erklangen erstmals Mitte der 1990er-Jahre und steigerten sich zum Crescendo, als 2001 Ex-Präsident Bill Clinton sein Privatbüro an der 125th Street bezog. Wenig später wurde Harlem auch in der Reiseliteratur besungen und erhielt seinen festen Platz auf der touristischen Landkarte.

Heute ist Harlem ein Stadtteil, in dem man sich sicher bewegen, einkaufen, essen gehen und Kultur genießen kann. Die neuen Shopping Malls unterscheiden sich durch nichts von ihren Filialen weiter südlich in Manhattan, ansonsten aber bemüht sich Harlem, der drohenden Gentrification entgegenzuwirken. Besonders aktiv ist die Abyssinian Development Corporation. Die Bürgerinitiative hat Hunderte von Häusern, die die Stadt zum Verkauf anbot, erworben und für die alteingesessenen Mieter erhalten.

Solche Maßnahmen sind nötig, Harlems hübsche Brownstones sind begehrte Objekte. Das Viertel wurde Anfang des 20. Jhs. bebaut, als Heim für die bürgerliche Mittelschicht, die biedermeierliche Gemütlichkeit liebte. In Harlem lebten viele Deutsche, im Osten zogen Juden zu, die mit 170 000 Menschen die zweitgrößte

jüdische Gemeinde bildeten. Noch heute findet man in einigen der rund 400 Gotteshäuser den Davidstern. 1920 begann der Exodus der Weißen, Harlem wurde schwarz.

Der Zuzug der Schwarzen hatte schon 1904 begonnen. Die Immobilienspekulanten, die mit Blick auf die U-Bahnanbindung gebaut hatten, hatten sich verrechnet und standen vor leeren Reihenhäusern. Das brachte den afroamerikanischen Makler Philip A. Payton auf den Plan: Er vermietete die Wohnungen zu saftigen Preisen an seine schwarzen Brüder und die zahlten, denn einen anderen Weg aus den Slums in Midtown gab es nicht.

1915 begann dann die »Great Migration«. Die Industrie im Norden brauchte Arbeitskräfte und warb schwarze Landarbeiter aus dem Süden an. Sie zogen nach Harlem, dessen Bevölkerungszahl trotz des Wegzugs der Weißen von 1920 bis 1930 von 120 000 auf 200 000 wuchs. In dieser Dekade erlebte Harlem eine Blütezeit, die als »Harlem Renaissance« in die Geschichte einging. Schwarze Literaten, Maler und Musiker aus ganz Amerika strömten nach Harlem, und die weiße Bohème aus Greenwich Village folgte ihnen.

Mit der Depression begann jedoch der Niedergang. Harlem verfiel und wurde zum Slum und größten schwarzen Getto der Vereinigten

Auf der Lenox Avenue

Staaten. In den 1960er-Jahren fan-den hier blutige Schlachten mit der Polizei statt, die als Initialzündungen für Revolten in anderen Gettos des Landes wirkten. Drogen, Raub und Mord, Verelendung, vernagelte Fenster, vergitterte Geschäfte, bau-fällige Häuser – das war Harlem mehr als sechs Jahrzehnte lang und kein Weißer setzte damals freiwillig einen Fuß in diese Gegend, schon gar nicht ein Ex-Präsident.

Tour in Harlem

Tour 13
Rund um die 125th Street

1 Apollo Theater
2 Hotel Theresa
3 Studio Museum
4 Mount Morris Park Historic District
5 Marcus Garvey Memorial Park
6 Arthur Schomburg Center for Research in Black Culture
7 Abyssinian Baptist Church
8 Strivers' Row

Tour in Harlem

 ## Rund um die 125th Street

> **Verlauf:** Apollo Theater › Mount Morris Park Historic District › Marcus Garvey Park › Astor Row › Arthur Schomburg Center › Abyssinian Baptist Church › Strivers' Row
>
> **Karte:** Seite 156
> **Dauer:** 5–6 Std.
> **Praktische Hinweise:**
> - **Start** Ⓢ 125th St./St. Nicholas Ave. (U-Bahnlinien A, B, C, D)
> - **Ziel** Ⓢ 135th St. (U-Bahnlinien A, B, C)
> - Zur 9 Uhr-Messe in der Abyssinian Baptist Church sollte man 30 Min. früher eintreffen, zur 11 Uhr-Messe 1 Std. Intimer ist die Atmosphäre in der New Mt. Zion Baptist Church (171 W. 140th St.) oder der Memorial Baptist Church (141 W. 115th St.).

125th Street

Die 125th Street ist Harlems Hauptgeschäftsstraße. Hier setzte das Big Business Zeichen, die deutlich machen, dass man Harlem nun für salonfähig und konsumbereit hielt: 66 Mio. $ pumpten Investoren ins 2000 eröffnete Shoppingcenter Harlem USA. Das wirkt bis heute, Finanzkrise hin, Finanzkrise her, wie ein Magnet auf andere Unternehmer, die rund um die 125th Street ein kaufkräftiges Publikum vermuten.

Ansonsten findet man an der 125th Street Klassiker aus der Zeit der Harlem Renaissance, wie das **Apollo Theater** **1** [C2]. In dem 1914 eröffneten Club trat schon alles auf, was in der Welt des Jazz Rang und Namen hat. Seit 1934 besteht die Tradition der Amateur Night: Mittwochs ab 19.30 Uhr erproben junge Talente, ob sie vor kritischem Publikum bestehen. Für viele Künstler, die sich später auf internationalem Parkett bewegten, war die Amateur Night das Sprungbrett für ihre Karriere, so für Ella Fitzgerald, Sarah Vaughan und Billie Holiday. Musiker wie Duke Ellington, Louis Armstrong und Count Basie traten im Apollo auf (253 W. 125th St., www.apollotheater.org).

Hotel Theresa **2** [C2]

»Harlems Waldorf-Astoria« nannte man das 1913 eröffnete Hotel Theresa, das bis 1940 nur weiße Gäste akzeptierte. Um als Schwarzer ein

Das legendäre Apollo Theater

Zimmer zu bekommen, musste man eine berühmte Persönlichkeit sein. Entsprechend beeindruckend liest sich die Gästeliste: Louis Armstrong, Josephine Baker, Duke Ellington, Jimi Hendrix … 1960 stieg Fidel Castro hier ab, nachdem er das Shelburne Hotel verlassen hatte, weil es ihm zu teuer war. Im Theresa mietete er für sich und seinen Stab 80 Zimmer für 800 $ pro Tag. 1967 schloss das Hotel, der denkmalgeschützte Bau gehört heute der Columbia University (2082–96 Adam Clayton Powell Jr. Blvd.).

Studio Museum 3 [C2]
Nach dem Kommerz bekam auch die Kunst in Harlem wieder neue Impulse: Das kleine Studio Museum zeigt in Wechselausstellungen afroamerikanische Kunst des 19. und 20. Jhs. sowie Werke aus Afrika und der Karibik. Seit einigen Jahren widmet es sich verstärkt der Förderung afroamerikanischer Gegenwartskunst (144 W. 125th St., Do und Fr 12–21, Sa 10–18, So 12–18 Uhr, 7 $, www.studiomuseum.org).

Mount Morris Park Historic District 4 [C3]
Wenn man von der 125th Street auf dem Malcolm X Boulevard ein paar Blöcke nach Süden geht, erlebt man Harlem von seiner heimeligen Seite: Zwischen 5th Avenue, Adam Clayton Powell Boulevard, 124th und 118th Streets erstreckt sich der Mount Morris Park Historic District. Hier stehen Reihenhäuser des 19. Jhs. unter Ensembleschutz, deren buntes Stilgemisch von Romanesque

Revival bis Queen Anne reicht. Dieses Viertel war eines der ersten in Harlem, das für wohlhabende Weiße errichtet wurde, die zum Arbeiten in den Süden Manhattans pendelten. Das Zentrum des sozialen Lebens bildete der **Harlem Club** (34 W. 123rd St.), 1888–89 errichtet, der ebenso wie die benachbarte frühere **Harlem Library** (32 W. 123rd St.) heute eine Kirche beherbergt.

Gelegenheit, die Füße zu erholen und Harlem-Atmosphäre zu schnuppern, bietet der **Marcus Garvey Memorial Park** 5 [C2/3], einer der ältesten Parks Manhattans, der schon im Rasterplan von 1811 vorgesehen war. Hier blieb der einzige Feuerwachturm der Stadt erhalten.

Malcolm X Boulevard
Vom Nordausgang des Parks geht es über 5th Avenue und und 126th Street in den Malcolm X Boulevard. Den ganzen Block zwischen 126th und 127th Streets nimmt **Sylvia's** › S. 41 ein, seit drei Generationen eine beliebte Adresse für Soul Food. Viele behaupten, das Traditionslokal sei im Zuge seiner Expansion zur rechten Touristenfalle verkommen, andere schwören, dass es bei Sylvia's schmeckt wie eh und je.

Auf dem Weg nordwärts lohnt ein Abstecher in den östlichen Abschnitt der 130th Street. Hier blieb mit der **Astor Row** [C2] ein hübsches Ensemble von Reihenhäusern aus den 1880er-Jahren erhalten.

Wer zur afroamerikanische Kultur und Geschichte recherchieren möchte, ist im **Arthur Schomburg Center for Research in Black Cul-**

Ausgelassene Feierstimmung bei der African American Parade in Harlem

ture **6** [C2] am rechten Ort: Es ist weltweit die wichtigste Institution, die sich diesem Thema widmet (515 Malcolm X Blvd., Mo und Do–Sa 10–18, Di, Mi 10–20 Uhr, www.nypl. org/locations/schomburg).

Abyssinian Baptist Church **7** [C2]

Das Kirchenschiff ist riesig, die Ausstattung beeindruckend, der Gospelchor exzellent – und das hat sich herumgesprochen: Sonntags pilgern Touristen aus aller Welt hierher. Die Folgen: Lange Schlangen, Ordner, die Besucher auf die Empore geleiten und nach dem Gottesdienst wie im Flugzeug auffordern, keine persönlichen Gegenstände liegen zu lassen. Wer das in Kauf nehmen möchte – wie gesagt, »die Show« ist gut, aber in kleineren Kirchen kommt man dem Gemeinschaftsgeist näher und erfährt, welch bedeutende soziale Rolle Kirchen in Harlem haben (132 Odell Clark Pl.)

Strivers' Row **8** [C2]

Strivers sind Streber und die, erfolgreiche Afroamerikaner, bewohnten nach 1920 den hübschen Block zwischen 138th und 139th Streets mit Reihenhäusern, die Ende des 19. Jhs. von namhaften Architekten erbaut worden waren. Die baumbestandene, gepflegte Wohnstraße ist noch heute eine Top-Adresse in Harlem. Die Menschen, die es sich leisten können, hier zu wohnen, nennt man allerdings nicht mehr Streber, sondern Buppies (Black Urban Professionals).

SEITENBLICK

Hip-Hop-Messe

Jeden Donnerstagabend findet in der **Greater Hood Memorial AME Zion Church** [C1] (160 W. 146th St., Nähe Adam Clayton Powell Jr. Blvd.) ein Hip-Hop-Gottesdienst statt **50 Dinge** **28** › S. 15. Zu den Initiatoren gehört Hip-Hop-Veteran Kurtis Blow.

Zwischenstopp: Restaurants

Mit Harlem assoziiert man Soul Food. Das ist die Küche des amerikanischen Südens: Fried Chicken, Schweinerippchen und derart Deftiges, Kalorienreiches mehr. Zu den letzten wirklich authentischen Orten, die Soul Food servieren, gehört **Amy Ruth's** ❶ € [C3] (113 W. 116th St., Tel. 212-280-8779, www.amy ruths.com). Am häufigsten bestellt wird hier ein Gericht namens »The Reverend Al Sharpton« – Fried Chicken mit Waffeln. Es kommt in Portionen auf den Tisch, die selbst für amerikanische Verhältnisse üppig sind.

Die coolsten Jazzclubs

....

- **Showman's Jazz Club** › rechts
  Entspannte Atmosphäre – könnte auch Coolman's heißen.
- **Village Vanguard** › S. 50.
  Seit 1935 Jazz-Mekka im Village.
- **The Blue Note** [C10]
  In dem Club im Village treten die ganz Großen auf.
  131 W. 3rd /6th Ave.
- **Jazz Standard** [D8]
  Restaurant und Club, Jazz und Blues im Keller, gute Akustik.
  116 E. 27th St.
- **Small's** [C9]
  Kleiner Raum im Keller, intim und ein ganz besonderes Jazz-Erlebnis.
  183 W. 10th/7th Ave.
- **Arthur's Tavern** [C10]
  Die Anziehungskraft des seit 1937 ununterbrochen bestehenden Jazzclubs ist ungebrochen.
  57 Grove St./7th Ave.

Eleganter, teurer und der Küche des Südens auf gehobenerem Niveau verpflichtet: **Miss Mamie's Spoonbread Too** ❷ €€ [B3] (366 W. 110th St., zw. Columbus/Manhattan Aves., Tel. 212-865-6744, www.spoonbreadinc. com), wo auch Bill Clinton gerne isst.

Shopping

Afrikanisches Kunsthandwerk, Textilien und Kleidung findet man auf dem bunten und sehr lebendigen **Malcolm Shabazz Harlem Market** [C3] an der West 116th Street (52 W. 116th St., Nähe Malcolm X Blvd., tgl. 10–20 Uhr). Schätze aus dem alten New York lassen sich im **Demolition Depot** [D2] entdecken, das auf vier Etagen Antiquitäten, Armaturen und Baudekor aus abgerissenen Häusern versammelt (216 E. 125th St., Tel. 212-860-1138, www.demolitiondepot.com).

Nightlife

Der 1942 eröffnete **Showman's Jazz Club** [C2] ist seit der Schließung der Lenox Lounge Harlem's ältester Jazzclub. Hier traten schon Größen wie Lionel Hampton und Duke Ellington auf (375 W. 125th St., Tel. 212-864-8941). Der **Cotton Club** [B2] hat zwar mit der legendären Institution nur den Namen gemein, musikalisch aber mauserte sich der »Nachfolger« zu einer Topadresse. Ein Besuch lohnt besonders montags, wenn die 13-köpfige Jazz- und Swing-Hausband Cotton Club Allstars zum Tanz aufspielt (656 W. 125th St., Nähe Riverside Drive, Tel. 212-663-7980, www.cottonclub-newyork.com).

Ein echtes New-York-Erlebnis: Cocktail in einer Rooftop-Bar

AUSFLÜGE & EXTRA-TOUREN

Kleine Inspiration

- **Manhattans Norden** – Streifzug durch Buschwerk und Wälder im Inwood Hill Park, Zeitreise ins Mittelalter beim Rundgang durch The Cloisters › S. 162
- **Long Island** – Sonnenbaden an langen Sandstränden oder Radtour von East Hampton nach Montauk, durch Dünen und vorbei an prächtigen Anwesen › S. 163

Ausflüge

Manhattans Norden

The Met Cloisters › Inwood Hill Park

Dauer: 1 Tag
Praktische Hinweise:
- Anfahrt mit dem A-Train zur 190th St., von dort weiter mit Bus M4 zu The Cloisters oder 10 Min. Fußweg. Vom Metropolitan Museum mit Bus M4 ab Madison Avenue/83rd Street direkt zur Endhaltestelle.
- Öffnungszeiten März–Okt. tgl. 10–17.15, Fr bis 19.15, Nov.–Febr. 10–16.45 Uhr, Eintritt 25 $ (zusammen mit Metropolitan Museum of Art), www.metmuseum.org

Ganz oben im Norden zeigt sich Manhattan so naturbelassen, dass man sich fast 1000 Jahre zurückversetzt fühlt. Damals gab es in Amerika noch keine Weißen und auch kein Mittelalter. Aber mit Geld kann man alles machen. Auch eine perfekte mittelalterliche Welt schaffen: **The Met Cloisters.**

Geld hatte John D. Rockefeller Jr. genug und so schiffte er in den 1930er-Jahren eine gesamte Epoche über den Atlantik und ließ im Fort Tryon Park das Mittelalter rekonstruieren. Stein für Stein, Säule für Säule, Bogen für Bogen wurden Kapellen, Kirchen und Klosterruinen von Kontinent zu Kontinent transplantiert und fanden in der modernsten Stadt der Welt ein neues

Zuhause. Die ganze Baugeschichte vom 12. bis 15. Jh. ist am Ufer des Hudson River in einem harmonischen Ensemble präsent. The Met Cloisters beherbergt die mittelalterliche Kunstsammlung des Metropolitan Museum of Art: prachtvolle Buntglasfenster, Gemälde, Tapisserien und Goldschmiedearbeiten.

Um den Tag richtig zu genießen, sollte man ihn beginnen, wenn The Met Cloisters ihre Pforten öffnen. Dann bleibt genug Zeit, um nach dem Museumsbesuch den Weg ins Grüne anzutreten, in den **Inwood Hill Park 50 Dinge** ⑧ › S. 12. Durch die Anlage schneiden eine Bahntrasse und der Henry Hudson Parkway, Barrieren, die sich nur an wenigen Stellen überwinden lassen (Karte: www.nycgovparks.org). Um zum Hudsonufer zu gelangen, folgt man der Dyckman Street nach Westen, wo man den Park betreten kann. Etwa auf der Mitte der Strecke am Fluss entlang führt ein Tunnel unter der Eisenbahnstrecke hindurch. Nun geht es links, bis man das Ufer des Harlem River erreicht. Immer am Fluss entlang – die Belohnung für den Marsch lässt nicht mehr lange auf sich warten: Das reizende kleine **Indian Road Café** € (600 W. 218th St., Tel. 212-942-7451), wo man mit Blick aufs Wasser gut essen kann.

Gestärkt spaziert man dann östlich des Henry Hudson Parkway auf einem der zahlreichen Pfade nach Süden und über die Payson Avenue wieder nach Fort Tryon zurück.

Long Island

Pennsylvania Station › East Hampton › Southampton/Montauk

Karte: Seite 163
Dauer: 1 Tag
Praktische Hinweise:

- Anfahrt mit Long Island Railroad (Fahrplan unter www.mta.info); Fahrtdauer einfach 3 Std.; Peak Ticket (Abfahrt von New York 6–10, Ankunft in New York 16–20 Uhr) bis Montauk einfach 28,25 $, Off-Peak Ticket (übrige Zeiten) 20,25 $

Wenn es im Sommer schwülheiß wird in New York und die Luft in den Straßenschluchten steht, suchen sich die Manhattanites ein kühles Plätzchen am Meer: die Hamptons.

Die Manhattanites? Nein, nicht alle. Nur wer reich, schön und/oder berühmt ist, kann es sich leisten, den Sommer an dem zauberhaften, sandigen Küstenstreifen östlich von Westhampton zu verbringen, wo kleine herausgeputzte Orte wie Southampton, East Hampton und Amagansett dörflichen Charme verbreiten und Anwesen die Küste säumen, für die der Ausdruck Villen eine Untertreibung wäre.

Wer kein Anwesen an der Goldküste von Long Island besitzt, aber dazugehören möchte, erkauft sich mittels »Summer Share« das Recht, dort Sonne, Sand und Exklusivität zu genießen: Ein Haus wird gemeinsam gemietet, das kann für die drei Sommermonate eine halbe Million Dollar und mehr kosten, die Mieter dürfen dann je nach finanziellem

Montauk Point Lighthouse

In **East Hampton** 1 kann nach einem Lunch im East Hampton Point Räder mieten (Bermuda Bikes Plus, 36 Gingerbread Lane, Tel. 631-324-6688, ab 50 $/Tag). Und damit, je nach Kondition, an die Spitze Long Islands, nach **Montauk** 2 fahren (einfach ca. 23 km) und den Blick über die wunderschöne, unverbaute Dünenlandschaft genießen. Oder nach **Southampton** 3 strampeln (einfach ca. 20 km). Oder nur East Hampton erkunden und die Strände ansteuern. Im Ortsbereich gibt es fünf, der bekannteste ist **Main Beach,** weißer Sand, klares Wasser, Dünen und viele Menschen, unter denen man zuweilen auch Promis entdeckt. Ebenso schön und sehr viel ruhiger ist **Georgica Beach.**

Wer den Tag am Strand verbringt, sollte auf der Rückfahrt mit dem Zug in Southampton einen Stopp einlegen und sich im Publick House mit Pub Food und einem Ale für die lange Heimfahrt stärken.

Beitrag eine bestimmte Zeit dort verbringen, wo sich im Juli, August und September das gesellschaftliche Leben der Manhattaner Oberschicht abspielt.

Teuer erkaufte Exklusivität lebt davon, dass sie bewahrt wird. Und deswegen ist es keine gute Idee, für den Ausflug in die Hamptons ein Auto zu mieten. Der Zugang zur Welt der Reichen und Schönen und vor allem zu deren makellosen Stränden wird nämlich mittels Parkerlaubnis beschränkt.

Deshalb ist es besser, den ersten Morgenzug von Penn Station zu nehmen und die Fahrt zu genießen. Zeit dazu hat man, der Zug hält an jeder Milchkanne. Aber je rustikaler es wird, desto schöner die Fahrt, trotz der hohen Immobilienpreise blieb der ländliche Charme erhalten. East Hampton und Southampton gehören zu den schönsten Dörfern der Ostküste.

Zwischenstopp: Restaurants
East Hampton Point €€€
Wunderbarer Blick auf den Three Mile Harbour und die Jachten.
• 295 Three Mile Harbor Rd.
East Hampton
Tel. 631-329-2800
www.easthamptonpoint.com

Publick House €€
Selbst gebrautes Bier und kleine Gerichte wie Rippchen oder Chicken Wings zu (für die Hamptons) günstigen Preisen.
• 62 Jobs Lane | Southampton
Tel. 631-283-2800
www.publick.com

Extra-Touren

 ## Zwei Tage in New York

Verlauf: Columbus Circle › Central Park › Fifth Avenue › Rockefeller Center › Bryant Park › Times Square › Empire State Building › Wall Street › Ground Zero › South Street Seaport › Chinatown › SoHo › Greenwich Village › West Village › Meatpacking District

Verkehrsmittel:
1. Tag: Vormittags: Start Ⓢ 59th St.-Columbus Circle, U-Bahnlinien A, B, C, 1, 2; **nachmittags:** mit Bus M 42 von der Haltestelle 42nd St./5th Ave. zum Pier 83 der Circle Line Tours an der 42nd St.; **abends:** Theaterbesuch, Ⓢ Times Square-42nd St., U-Bahnlinien A, C, E, N, Q, R, 1, 2, 3, 7; alternativ Essen gehen in Chinatown, Ⓢ Canal St., U-Bahnlinien A, C, E
2. Tag: Vormittags: Start Ⓢ Wall Street/William Street, U-Bahnlinien 2, 3; **nachmittags:** Start Ⓢ Fulton St., U-Bahnlinien A, C bis Canal St.; **abends:** Dinner und Clubbing im Meatpacking District Ⓢ 14th St./8th Ave., U-Bahnlinien A, C, E

1. Tag: Der 1. Tag beginnt gemütlich, auch wenn das zunächst unmöglich erscheint angesichts der Hektik am Columbus Circle. Aber der lässt sich entkommen, indem man im gläsernen **Time-Warner-Palast** › S. 130 verschwindet und sich von den Rolltreppen in den 3. Stock tragen lässt. Oben angekommen, genießt man den herrlichen Blick auf den Central Park. Wer noch nicht gefrühstückt hat: Die Bouchon Bakery (französische Backwaren) ist ab 8 Uhr geöffnet.

Wem distanzierte Blicke hinter Glas nicht genügen, der begibt sich nun hinüber und hinein in den **Central Park** › S. 145. Nachdem man eine Weile in östlicher Richtung spaziert ist, findet man sich einer zauberhaften Szenerie gegenüber: Auf der glatten Wasserfläche des Pond spiegelt sich die Zuckerbäckerfassade des legendären **Plaza Hotel,** 1907 im Stil der französischen Renaissance errichtet. Die meisten Hotelzimmer wurden in den letzten Jahren in luxuriöse Eigentumswohnungen umgewandelt.

Die **Grand Army Plaza** › S. 137, der das Hotel seinen Namen verdankt, bildet das Eingangstor zur geschäftigen Welt von Midtown. Auf dem Weg nach Süden erlebt man die berühmte **Fifth Avenue** › S. 135 von ihrer schönsten Seite: Juweliergeschäfte, teure Kaufhäuser, gediegene Eleganz und himmelstürmende Großmannssucht. Letztere dokumentiert der **Trump Tower** › S. 135, in dessen goldstrahlende Lobby man unbedingt einen Blick werfen sollte. Im dreigeschossigen Penthouse des Hochhauses mit 1200 m² Wohnfläche residiert mitunter Donald Trump höchstpersönlich.

Vom Trump Tower aus verwaltet Donald Trump sein Imperium

Weiter geht es in die Welt des Art-déco: The Promenade führt ins **Rockefeller Center** › S. 132 und dort wartet das Highlight des Tages: Mit dem Lift schwebt man in nur 47 Sekunden zum Aussichtsdeck des **Top of the Rock** im 69. Stock des General Electric Building hinauf (Tickets sind vorbestellt › S. 133), wo einem ganz New York zu Füßen liegt.

Auf der Fifth nach Süden, vorbei an der 47th Street, gelangt man in die **Diamond Row** › S. 132, eine im wahrsten Sinne des Wortes hochkarätige Straße. An der östlichen 42nd Street ist das **Grand Central Terminal** › S. 137 einen Besuch wert, dort im unterirdischen Food Court kann man an diversen Imbissständen gut zu Mittag essen.

Nach dem Lunch schlendert man auf der 42nd Street zurück in Richtung Westen – links liegt das beeindruckende Gebäude der **New York Public Library** › S. 131 – und spaziert durch den hübschen **Bryant Park** › S. 131 zum Broadway, dem man in nördlicher Richtung folgt. Das Kaufhaus **Macy's** › S. 126 am Herald Square kann sich als Zeiträuber erweisen – man belässt es am besten beim Schaufensterbummel und folgt dem Broadway bis zum **Times Square** › S. 128.

Wer nun abends eine Broadway-Show zum ermäßigten Tagespreis sehen will, muss bei TKTS › S. 47 etwas Schlange stehen. Langweilig wird es dabei aber nicht, die Kulisse ist grandios.

Über die 7th Avenue geht es wieder nach Süden und zum **Empire State Building** › S. 123. Sechs Blocks auf der 5th Avenue nach Norden, dann hat das Pflastertreten ein Ende. Von Bus M 42 lässt man sich zum Pier der Circle Line (www.circleline42.com) bringen, und dann kann man zweieinhalb Stunden die Beine ausstrecken und die Fahrt um die Insel Manhattan genießen.

Nach der Bootstour geht's zurück ins Hotel und anschließend entweder ins Theater oder nach **Chinatown** › **S. 85**, wo der Tag mit einem kleinen Bummel und einem guten Abendessen bei Big Wong King › **S. 38** endet.

2. Tag: Den 2. Tag beginnt man, wie es Zigtausende New Yorker tun: Man quetscht sich um 8 Uhr in die überfüllte U-Bahn und fährt zur **Wall Street** › **S. 79**. (Das lohnt sich nur an Werktagen, am Wochenende beginnt man die Tour gleich am Ground Zero.) Nachdem alle Angestellten in ihren Büros verschwunden sind, spaziert man Richtung **Trinity Church** › **S. 78** und folgt dem Broadway nach Norden bis zur **St. Paul's Chapel** › **S. 79**. Am alten Friedhof vorbei gelangt man zum **Ground Zero** › **S. 70,** wo das beeindruckende Memorial samt Museum an die Opfer des 11. September 2001 erinnert und das neue One World Trade Center 541 m in die Höhe ragt.

Über Liberty Street führt eine Fußgängerbrücke hinüber zum **Brookfield Place** › **S. 71**, durch dessen Wintergarten gelangt man zur Marina und dann wird es grün und wunderschön: Am Flussufer entlang, die Freiheitsstatue immer im Blick, schlendert man nach Süden zum hübschen **Robert F. Wagner Jr. Park** › **S. 74**.

Am **Battery Park** › **S. 75** vorbei geht es zum **U. S. Custom House** › **S. 77**, dann rechts in den Broadway und links in die Water Street. Hier schwebt man per Lift hinauf zum Dach des Hauses **55 Water Street** › **S. 83** mit dem Elevated Acre, einem originell gestalteten Rooftop-Park. In die nächste Straße biegt man rechts ein und folgt der Front Street bis zum **South Street Seaport**

Was sich noch bewegt, ist garantiert frisch – Seafood-Händler in Chinatown

› **S. 83**. Dort hat man Zeit zum Relaxen und kann auf der Terrasse von Pier 17 das Mittagessen genießen (diverse Lokale).

Nun heißt es in die U-Bahn wechseln, denn für den Nachmittag steht ein ausgedehnter Spaziergang auf dem Programm. Man erkundet zunächst **Chinatown** › **S. 85** südlich der Canal Street und bummelt anschließend auf der Greene Street durch **SoHo** › **S. 109**, wo man sich durch Geschäfte, Galerien oder hübsche Seitenstraßen ruhig vom Weg abbringen lassen darf. Wichtig ist nur, sich beim Gehen stets in nördlicher Richtung zu halten, damit man – beispielsweise über die Thompson Street – den **Washington Square Park** › **S. 112** erreicht. Dort kann man eine Ruhepause einlegen und das bunte Treiben rund um den Triumphbogen beobachten.

Über Washington Place gelangt man zum Sheridan Square und ins **West Village** › **S. 107**. Auch wenn die Füße schon müde sind: Die quirlige Christopher Street mit ihren originellen Läden und Cafés ist ein Muss, ebenso wie die kleinstädtische Idylle am Grove Court und in der Bedford Street.

Nun sind es nur noch ein paar Blöcke nach Norden, am besten nimmt man die Hudson Street, dort kann man sich in der **White Horse Tavern** › **S. 108** mit einem Bier erfrischen. Von dort erreicht man in wenigen Schritten die 14th Street und den **Meatpacking District** › **S. 106**. Wer dort stilvoll dinieren und einen der Clubs besuchen will, sollte vorher ins Hotel zurückfahren, um zu duschen und sich umzuziehen. Der Meatpacking District zieht nobles Publikum an und die Türsteher sind entsprechend wählerisch.

 # New York in drei Tagen

Verkehrsmittel
1. Tag: Seite 165/166
2. Tag: Vormittags: **Start** Museum of Natural History Ⓢ 81st St., U-Bahnlinien A, B, C; Metropolitan Museum of Art Ⓢ 86th St./Lexington Ave., U-Bahnlinien 4, 5, 6; Guggenheim Museum Ⓢ 86th St., U-Bahnlinien 4, 5, 6; oder Museum of Modern Art Ⓢ 5th Ave./53rd St., U-Bahnlinien E, M; **nachmittags:** Bus M 5 zur 9th Ave.; **abends:** Dinieren und Clubbing im Meatpacking District Ⓢ 14th St./8th Ave., U-Bahnlinien A, C, E, I; alternativ Essen gehen in Chinatown Ⓢ Canal St./6th Ave., U-Bahnlinien A, C, E
3. Tag: Vormittags: **Start** Ⓢ High St., U-Bahnlinien A, C; Ⓢ Chambers St. mit U-Bahnlinien J, Z zur Broad St.; **abends:** Ⓢ Fulton St. mit U-Bahnlinien 4, 5 zur 28th St./Park Ave. South

Wahrzeichen des Village und Startpunkt der Fifth Avenue ist der Washington Arch

1. Tag: Der 1. Tag verläuft identisch mit jenem der Tour »Zwei Tage in New York« › **S. 165/166.**

2. Tag: Der 2. Tag beginnt mit einem Museumsbesuch und man hat zunächst die Qual der Wahl, weil man sich aus Zeitgründen auf eines der vielen hochkarätigen Museum New Yorks beschränken muss. Die vier Top-Institutionen sind das **American Museum of Natural History** › **S. 152**, das **Guggenheim Museum** › **S. 149**, das **Metropolitan Museum of Art** › **S. 148** und das **MoMA** › **S. 134**. In einem dieser Häuser verbringt man den Vormittag.

Nachmittags ist man dann frei von allen Zwängen und kann sich treiben lassen: Im Greenwich Village, im West Village, in SoHo und Chinatown ist der Weg das Ziel. Man nimmt den Fifth Avenue-Bus M5 zur 9th Street und beginnt den Rundgang am **Washington Square Park** › **S. 112**, der in den lockeren Rhythmus des Village einstimmt. Nach dieser Atempause folgt man der MacDougal Street nach Süden und biegt rechts in die Bleecker Street ein. An der Kreuzung mit der 7th Avenue wendet man sich wieder rechts und gelangt zum Sheridan Square, dem Tor zum **West Village** › **S. 107**.

Christopher Street ist geschäftig, in den Seitenstraßen zeigt das West Village seinen heimeligen Charme. Hier lässt man sich am besten treiben, es gibt jede Menge hübscher Sträßchen – eine der interessantesten ist Bedford Street, die von der Christopher Street zur 6th Avenue führt. Jenseits der 6th Avenue beginnt Houston Street und wenn man sich südlich wendet, ist man in **SoHo** › **S. 109**. Hier kann man einkaufen, Galerien besuchen und die wunderbare Cast Iron-Architektur bestaunen, um dann – der Greene Street in südlicher Richtung folgend – in eine völlig andere Welt einzutauchen: **Chinatown** › **S. 85.**

Wer den ersten Abend im Theater verbracht hat, kann nun hier einkehren und asiatische Köstlichkeiten genießen. Wer schick dinieren und sich im **Meatpacking District** › S. 106 ernsthaft ins Nachtleben stürzen will, muss zurück ins Hotel und sich entsprechend kleiden.

3. Tag: Der 3. Tag beginnt mit einem der schönsten Blicke auf Manhattan, der sich von der **Brooklyn Heights Esplanade** › S. 95 bietet. Nach dieser Einstimmung folgt der nächste Höhepunkt: der Weg zu Fuß über die **Brooklyn Bridge** › S. 96 nach Manhattan.

Wenn man wieder festen Boden unter den Füßen hat, fährt man mit der U-Bahn zur Broad Street und geht nach Norden zur Wall Street. An der **New York Stock Exchange** › S. 80 vorbei führt die Straße auf **Trinity Church** › S. 78 zu; hier biegt man rechts in den Broadway und hält sich hinter **St. Paul's Chapel** › S. 79 links. Am alten Friedhof vorbei gelangt man zum **Ground Zero** › S. 70. Eine Fußgängerbrücke führt über die Liberty Street zum **Brookfield Place** › S. 71. Dort im Wintergarten kann man zu Mittag essen. Anschließend schlendert man am Wasser entlang, die Freiheitsstatue immer im Blick, nach Süden zum hübschen **Robert F. Wagner Jr. Park** › S. 74.

Im **Battery Park** › S. 75 heißt es Schlange stehen, aber nicht sehr lang, denn die Tickets sind vorbestellt › S. 70 und so sitzt man schon bald im Boot, das zur **Freiheitsstatue** › S. 75 fährt. Ihre siebenstrahlige Krone ist inzwischen wieder für eine begrenzte Zahl von Besuchern zu erklimmen. Auf jeden Fall sollte man ausreichend Zeit für einen Besuch des Einwanderermuseums auf **Ellis Island** › S. 77 reservieren.

Für Millionen Einwanderer das Tor ins Gelobte Land: Ellis Island

Wieder an Land, geht es vom Battery Park aus am **U.S. Custom House** › S. 77 vorbei, dann rechts in den Broadway und links in die Water Street. Anschließend biegt man in die nächste Straße rechts ein und folgt der Front Street bis zum **South Street Seaport** › S. 83. Dort kann man auf der Terrasse von Pier 17 das Abendessen genießen, die Restaurants bieten für jeden Geschmack etwas.

Um New York stilvoll Goodbye zu sagen, sollte man seinen letzten Drink auf dem Rooftop von **230 Fifth** › S. 126 nehmen. Auch wenn es voll, teuer und touristisch ist – der Blick auf die Stadt bei Nacht ist einzigartig.

Mit dem Rad unterwegs

Verlauf: Pier 84 › Hudson River Park › Broadway › Riverside Drive › Riverside Park › General Grant National Memorial › Riverside Church › Columbia University › Morningside Park › St. John the Divine › Central Park › Conservatory Garden › Pier 84

Karte: siehe Faltkarte
Dauer:
Reine Fahrzeit etwa 2 Std., mit Stopps zum Schauen und Staunen sowie kleinen Stärkungspausen bis zu 1 Tag.
Verkehrsmittel:
Start Ⓢ 42nd St./Port Authority U-Bahnlinien A, C, E, von dort mit Bus 42 weiter zum Pier 83. **Radverleih:** z. B. über Blazing Saddles, Pier 84, Hudson River Park, Tel. 917-440-9094, www.blazingsaddles.com/new-york, tgl. mindestens 9–19, im Sommer 8–20 Uhr, Rad ab 40 € pro Tag

Die Räder sind bequem, und der Verleiher sorgt dafür, dass auf der Tour alles glattgeht: Helm und Fahrradschloss gehören zur Grundausstattung, und so kann's losgehen – zunächst immer am Hudson entlang nach Norden (Tourenverlauf › **Karten S. 124, 146, 156**). Auf der Höhe der 72nd Street biegt man nach rechts ab und fährt in östlicher Richtung bis zum Broadway. Der zeigt sich auf dieser Höhe als Prachtstraße: Großartige alte Apartmenthäuser säumen seinen Weg, so etwa das 1901 erbaute **Ansonia** an der Ecke 73rd Street. Das Beaux Arts-Gebäude, zu dessen Bewohnern Enrico Caruso zählte, bot einen beispiellosen Luxus. Zwei Swimmingpools gehörten zum Inventar, im Brunnen im Foyer tummelten sich Seehunde und auf dem Dachgarten streifte ein Bär frei umher. Architektonisch ebenso interessant sind ein Stück weiter nördlich Ecke 78th Street die **Apthorp Apartments,** die von 1906 bis 1908 für William Waldorf Astor errichtet wurden. Der Name des Baus erinnert an die Apthorp Farm, die sich im 18. Jh. hier erstreckte.

Auf der Höhe der 79th Street wendet man sich wieder nach Westen und gelangt zum **Riverside Drive**. Früher säumten prächtige frei stehende Villen die Straße; die Aussicht auf das Grün des Riverside Park und den Hudson River hatte diejenigen angelockt, die Ende des 19. Jhs. zu Geld gekommen waren. Eine Idee davon, wie hier residiert wurde, vermittelt die **Isaac L. Rice Residence** (Ecke 89th St.), ein Bau aus dem Jahr 1901. Isaac Rice war Gründer der Electric Vehicle Company, die Taxibetriebe in New York und Philadelphia mit Motordroschken belieferte. Abgesehen von einem Stadtpalast an der 107th Street ist dies die einzige frei stehende Villa, die am Riverside Drive noch erhalten ist. Bei den meisten anderen Bauten handelt es sich um Apartmenthäuser, prachtvoll und teuer freilich auch sie.

Durch den wunderschönen **Riverside Park** führt der weitere Weg nun zum **General Grant National Memorial** an der 122nd Street, einem bombastischen Mausoleum. Es birgt den Sarkophag von Ulysses Grant, der die Nordstaaten im Sezessionskrieg zum Sieg führte.

Imposant setzt sich auch die **Riverside Church** (Riverside Drive zw. 120th/122nd Sts.) mit ihrem knapp 120 m hohen Turm in Szene. Beim Anblick des neogotischen Gotteshauses fühlt man sich an die Kathedrale von Chartres erinnert. Das ist kein Zufall: Die Bauherren orientierten sich tatsächlich an dem französischen Vorbild.

Südlich der 120th Street zwischen Broadway und Amsterdam Avenue erstreckt sich der Campus der **Columbia University** – interessante Architektur, ein Bummel lohnt sich. Hier ist auch der rechte Ort, um an den Lunch zu denken: Am Broadway in Uninähe findet man diverse kleine Restaurants. Für Déjà-vu-Erlebnisse sorgt ein Besuch von **Tom's Restaurant** (2880 Broadway), das seit den 1950er-Jahren von einer griechischen Familie betrieben wird. Es war einer der Haupt-Schauplätze der Fernsehserie »Seinfeld«.

Über die 120th Street gelangt man zum Morningside Drive, der an einem hübschen kleinen Park mit Wasserfall und verwunschenen Ecken vorbeiführt: **Morningside Park**. An der Ecke Morningside Drive/113th Street biegt man rechts ab und erreicht den Haupteingang von **St. John the Divine** (Amsterdam Ave.), einer der interessantesten Kirchen der Stadt, auch wenn das Gotteshaus erst zu zwei Dritteln fertiggestellt ist und die Arbeiten 1999 wegen Geldmangel eingestellt wurden. Die episkopalischen Geistlichen verstehen sich als Mittler zwischen den Kulturen und Religionen. Ein Muss für Tierfreunde ist die alljährliche Segnung der Tiere (Anfang Oktober, genauer Termin unter www.stjohndivine.org), eine vierstündige Messe, zu der die New Yorker ihre Lieblinge mitbringen.

Der Cathedral Parkway führt zum **Central Park** › S. 145, wo man wieder Radvergnügen pur erlebt. Am besten nimmt man den Radweg, der an der Ostseite des Parks entlangführt – der Blick auf die West Side mit ihren mächtigen alten Apartmenthäusern ist grandios. Einen Abstecher lohnt der **Conservatory Garden** (Eingang 105th St./5th Ave.), ein Paradies mit Blumenbeeten, Brunnen und getrimmten Hecken. Angelegt im Stil eines französischen Gartens setzt er einen wunderschönen Kontrapunkt zum Central Park, der so überzeugend sich selbst überlassene Natur spielt. Sein schmiedeeisernes Eingangstor war einst Teil des Cornelius-Vanderbilt-Anwesens an der Fifth Avenue.

Die Südgrenze des Parks bildet die 59th Street; über die 6th Avenue gelangt man auf die 57th Street, der man bis zur 11th Avenue westwärts folgt. Hier wendet man sich links und biegt dann rechts in die 55th Street ab, die eine Unterführung mit dem Hudson River verbindet. Immer am Fluss entlang geht es nun zurück zum Pier 84, wo man sich von seinem Drahtesel verabschieden muss.

Infos von A–Z

Alkohol

Strenge *liquor laws* regeln den Ausschank und Verkauf von Alkohol in den USA. Die Gesetzgebung ist von Staat zu Staat unterschiedlich. In New York kann man Alkoholika nur in den staatlichen *liquor stores* kaufen – mit Ausnahme von Bier, das auch in Lebensmittelläden erhältlich ist. Verkauf bzw. Ausschank nur an Personen ab 21 Jahren.

Ärztliche Versorgung

Leistungen der Ärzte und Krankenhäuser müssen sofort in bar oder mit Kreditkarte bezahlt werden. Da jeder ausländische Besucher grundsätzlich nur als Privatpatient behandelt wird und die Kosten hoch sein können, ist der Abschluss einer privaten Reisekrankenversicherung zu empfehlen.

Bei der Einnahme von Medikamenten sollte man die Zeitverschiebung beachten. In den USA sind viele Medikamente rezeptpflichtig, die zu Hause rezeptfrei sind. Es ist sinnvoll, für ständig benötigte Medikamente eine Rezeptkopie mitzubringen, damit ein Arzt in New York nötigenfalls Nachschub verschreiben kann. Die Adressen deutschsprachiger Ärzte bekommt man bei den Generalkonsulaten.

Barrierefreies Reisen

Die USA sind ein sehr behindertenfreundliches Reiseland. Überall gibt es Aufzüge, Rampen für Rollstuhlfahrer, besondere Parkplätze und in sämtlichen öffentlichen Gebäuden auch behindertengerechte Toiletten.

Devisenbestimmungen

Die Ein- und Ausfuhr von Fremd- und Landeswährung ist keinen Beschränkungen unterworfen; werden Zahlungsmittel (Bargeld, Reiseschecks u.Ä.) im Wert von mehr als 10 000 $ mitgeführt, ist eine Deklaration erforderlich.

Diplomatische Vertretungen

- **Deutschland:** Generalkonsulat, 871 United Nations Plaza (1st Ave./ 49th St.), Tel. 212-610-9700, www.new-york.diplo.de
- **Österreich:** Generalkonsulat, 31 E. 69th St. (Nähe Madison Ave.), Notfall-Tel. 917-612-9792, www.austria-ny.org

Maße und Temperaturen

Länge
1 inch (in.) = 2,54 cm
1 foot (ft.) = 12 inches = 30,48 cm
1 yard (yd.) = 3 feet = 91,44 cm
1 mile (mi.) = 1,609 km

Volumen
1 gill (gl.) = 0,118 Liter
1 pint (pt.) = 4 gills = 0,473 Liter
1 quart (qt.) = 2 pints = 0,946 Liter
1 gallon (gal.) = 4 quarts = 3,785 Liter

Gewicht
1 ounce (oz.) = 28,35 g
1 pound (lb.) = 16 ozs. = 453,6 g
1 stone (st.) = 14 lbs. = 6,35 kg
1 quarter (qr.) = 25 lbs. = 11,339 kg
1 hundredweight = 4 qrs. = 45,359 kg
1 ton(t) = 2000 lbs. = 907 kg

Temperatur

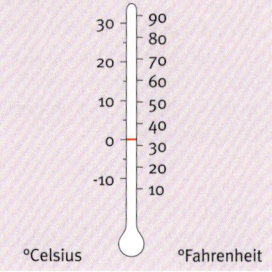

°Celsius   °Fahrenheit

- **Schweiz:** Generalkonsulat, 633 3rd Ave. (Nähe E. 41st St.), Tel. 212-599-5700, www.eda.admin.ch/newyork

Einreise

Reisende aus Deutschland, Österreich und der Schweiz benötigen für die Einreise einen noch für die Reise gültigen Reisepass, jedoch kein Visum, wenn ihr Aufenthalt 90 Tage nicht überschreitet und sie ein gültiges Rückflugticket vorweisen können. Vorgeschrieben ist ein maschinenlesbarer Pass (roter EU-Pass; › www.auswaertiges-amt.de).

Nach dem 25.10.05 ausgestellte Reisepässe müssen über ein digitales Lichtbild verfügen; nach dem 25.10.06 ausgestellte Pässe zusätzlich über biometrische Daten in Chipform. Bei der Einreise in die USA werden von allen Reisenden digitale Fingerabdrücke und ein digitales Porträtfoto angefertigt. Ein Visum benötigt, wer länger als 90 Tage in den USA bleiben will (Erteilung nur nach persönlicher Vorstellung in der zuständigen Botschaft im Heimatland).

Wer ohne Visum einreist, muss spätestens 72 Stunden vor der Abreise via Internet oder übers Reisebüro unter https://esta.cbp.dhs.gov/ eine elektronische Einreiseerlaubnis (ESTA) einholen. Hierfür wird ein Gebühr von 14 $ pro Person erhoben, die nur per Kreditkarte bezahlt werden kann.

Elektrizität

Die Netzspannung in Amerika beträgt 110 Volt. Für die Benutzung seiner elektrischen Geräte braucht man einen Zwischenstecker, den man sich am besten schon zu Hause besorgt.

Feiertage

- 1. Jan.: New Year's Day
- 3. Montag im Jan.: Martin Luther King Day
- 3. Montag im Febr.: President's Day
- Letzter Montag im Mai: Memorial Day (Heldengedenktag)
- 4. Juli Independence Day (Tag der Unabhängigkeit)
- 1. Montag im Sept.: Labor Day (Tag der Arbeit)
- 2. Montag im Okt.: Columbus Day
- 11. Nov.: Veterans Day (Soldatengedenktag)
- 4. Donnerstag im Nov.: Thanksgiving Day (Erntedankfest)
- 25. Dez.: Christmas Day
- Fällt ein Feiertag auf einen Sonntag, so ist der darauf folgende Montag frei.

Fotografieren

Speicherkarten, Batterien und anderes Zubehör bekommt man in Foto- oder Elektronikgeschäften, die Preise sind allerdings etwas höher als hier. Man kann seine Digitalfotos in Internetcafés auf CD/DVD brennen oder auf einen eigenen USB-Stick kopieren, sodass man mit 1 bis 2 Speicherkarten auskommt.

Geld und Währung

Währungseinheit ist der Dollar ($) = 100 Cents (¢). Im Umlauf sind folgende Münzen: Penny (= 1 ¢), Nickel (= 5 ¢), Dime (= 10 ¢), Quarter (= 25 ¢), Half Dollar (= 50 ¢) und 1 $. Banknoten gibt es im Wert von 1, 2, 5, 10, 20, 50 und 100 $, alle haben die gleiche Größe und grüne Farbe. Wechselkurs (Stand Dez. 2016): 1 € = 1,04 $, 1 $ = 0,95 €. Tagesaktuelle Kurse: www.oanda.com.

Ohne Kreditkarte ist man in New York aufgeschmissen, Reiseschecks verlieren als Zahlungsmittel immer mehr an Bedeutung. Eine Alternative zur »klassischen« Kreditkarte sind Prepaid-Varianten, auf die man vor Reiseantritt ein bestimmtes Guthaben einzahlt. Auch an vielen Geldautomaten (ATMs) bekommt man mit der Bank- oder Kreditkarte (PIN!) Bares.

Handy

Die meisten modernen Handys und Smartphones sind in den USA nutzbar, wobei die hohen Roaminggebühren ein Ärgernis darstellen. Bei modernen Datenübertragungsstandards (UMTS, LTE, auch 3G bzw. 4G genannt) herrscht ein heilloses Durcheinander, weswegen man sich bei seinem nationalen Provider informieren sollte. Mit Internet-Telefonie-Apps wie Skype oder WhatsApp kann man aus einem WLAN-Netz heraus kostenlos telefonieren.

Informationen

Allgemeine Auskünfte und Unterlagen für die Reisevorbereitung:
- **AVIAREPS Tourism Public Relations,** Josephspitalstr. 15, 80331 München, Tel. (089) 552 53 38 00, www.aviareps.com
- Auf der Webseite www.nycgo.com/de gibt es einen New-York-Führer, Stadtpläne, einen Metroplan, einen Eventkalender u. a. nützliche Infos zur Reiseplanung als Download.
- **NYC & Company,** 810 7th Ave. (zw. W. 52nd/W. 53rd Sts.), NY 10019, Tel. 212-484-1200, www.nycgo.com.

- **Official NYC Information Center at Macy's Herald Square,** 151 W. 34th St. (zw. 7th Ave. und Broadway), Mo–Fr 9–19, Sa 10–19, So 11–19 Uhr.
- **Official NYC Information Center Times Square,** Broadway Plaza (zw. 43rd/44th Sts.), tgl. 9–18 Uhr.
- Weitere Filialen im City Hall Park (Broadway Nähe Park Row) und im South Street Seaport.

Internet

Die meisten Public Libraries bieten Internetzugang umsonst oder gegen eine geringe Gebühr. Man meldet sich mit Ausweis bei der Information an und bekommt einen Zettel mit der Nummer des Rechners und der Uhrzeit, zu dem man ihn benutzen kann (30–60 Min. Wartezeit). Bei NYC & Company und Fast-Food-Ketten wie McDonald's oder Starbucks kann man gratis mailen. Im Internet-Café zahlt man rund 15 $/Std.

Kleidung

Freizeitkleidung allein ist im progressiven New York nicht ausreichend; in bestimmten Situationen ist die Kleiderordnung sogar wesentlich strenger als

GUT ZU WISSEN

- **Ermäßigung:** Der **City Pass** ist erhältlich für 6 Attraktionen (Empire State Building, Metropolitan Museum of Art, American Museum of Natural History, Circle Line Harbor Cruise **oder** Liberty & Ellis Island, Top of the Rock **oder** Guggenheim Museum, 9/11 Memorial & Museum **oder** Intrepid Sea, Air & Space Museum) oder für 3 der genannten Attraktionen nach Wahl. Er gilt 9 Tage, kostet 116 $/71 $ und ist bei den erwähnten Sehenswürdigkeiten oder online unter www.citypass.com erhältlich.

- **Rauchen:** Seit 2003 ist New York Nichtraucherzone – das Rauchen ist nur noch auf der Straße erlaubt. Rauchverbot herrscht allerdings auch in Parks, an Stränden und auf großen öffentlichen Plätzen.
- **Toiletten:** Gewöhnlich bezeichnet man Toiletten mit Rest Room oder Ladies' Room für Damen, und mit Men's Room oder Lavatory für Herren. Öffentliche Toiletten sind in New York äußerst selten; es empfiehlt sich deshalb, bei Bedarf ein Kaufhaus oder eines der Kettenrestaurants aufzusuchen.

in Deutschland. Viele der besseren Restaurants verlangen formelle Kleidung (bei Herren Jackett und Krawatte). Geschäftsreisende müssen besonders auf angemessene Kleidung achten.

Mehrwertsteuer

Die Mehrwertsteuer ist in den USA nie in den ausgeschilderten Preisen enthalten. An der Kasse zahlt man jeweils den Grundpreis plus 8,875 % Verkaufssteuer *(sales tax)*. Kleidung und Schuhe mit einem Einzelwert unter 110 $ sind von der Steuer befreit. Auf Hotelrechnungen werden 15 % und mehr aufgeschlagen: Dieser Betrag setzt sich zusammen aus der City Tax, der State Tax und der Occupancy Tax inklusive einer fixen Grund- und einer Zusatzgebühr.

Notruf

Der Operator – zu erreichen über 0 – hilft auch bei Notfällen. Feuer, Polizei, Ambulanz 911.

Öffnungszeiten

- **Geschäfte:** Es gibt kein Ladenschlussgesetz; viele Läden haben täglich und rund um die Uhr geöffnet. Die großen Kaufhäuser in Midtown sind sonntags, viele jüdische Geschäfte samstags geschlossen.
- **Banken:** meist Mo–Fr 9–15 Uhr, 1-mal pro Woche (Do oder Fr) bis 18 Uhr.

Urlaubskasse	
Tasse Kaffee	2,50 €
Softdrink (Cola)	2,50 €
Glas Bier	4,50 €
Hamburger	4 €
Kugel Eis	2,50 €
Taxifahrt (pro Meile)	2,50 €
Taxi (Grundpreis)	2,50 €
U-Bahn/Bus (pro Fahrt)	2,70 €

- **Postämter:** überwiegend Mo–Fr 9–18, Sa 8–12 Uhr, General Post Office täglich rund um die Uhr.

Sightseeing (Auswahl)

Mit dem Bus:
- **Big Bus Hop-on-Hop-off Tour,** Tel. 212-685-8687, www.bigbustours.com/newyork. Tour im Doppeldeckerbus entlang 30 Haltestellen in Manhattan, an denen man nach Belieben aus- und zusteigen kann, auch Route durch Brooklyn.

Mit dem Schiff:
- **Circle Line Sightseeing Cruises,** Pier 83, W. 42nd St., Tel. 212-563-3200, www.circleline42.com. Dreistündige Fahrt um die ganze Insel. März–Ende Dez. tgl.
- **New York Waterway,** 38th St. Ferry Terminal, W. 38th St., Tel. 800-533-3779, www.nywaterway.com. Die Konkurrenz der Circle Line schafft die Tour um Manhattan in zwei Stunden.

Führungen mit thematischen Schwerpunkten:
- **Harlem Spirituals,** Tel. 212-391-0900, www.harlemspirituals.com. Spaziergänge und Bustouren durch Harlem, sonntags Gospel-Trips.
- **On Location Tours,** Onlinebuchung unter http://onlocationtours.com. Touren zu den Drehorten von »The Sopranos«, »Sex and the City« und »Gossip Girl« oder von Kinohits wie »Harry and Sally« und »Spiderman«.

Telefon

Ortsgespräche *(local calls,* 25 oder 50 ¢) kann man von Telefonzellen aus führen – wenn man denn noch eines der immer seltener werdenden Exemplare findet (man beachte die Anweisungen). Ferngespräche *(long distance calls)* vermittelt der *operator* (»0«); wer die Vorwahlnummer *(area code)* kennt, kann aber auch durchwählen.

Für Gespräche ins Ausland *(overseas calls)* benötigt man mit Quarters (= 25 ¢) prall gefüllte Hosentaschen; in Zweifelsfällen hilft der *overseas operator* (»0«) weiter. Vorwahl: Deutschland 0 11 49, Österreich 0 11 43, Schweiz 0 11 41 – dann Ortsvorwahl ohne die erste Null und Teilnehmernummer.

Die Alternative zum Sammeln von Quarters heißt *Prepaid Phone Card*. Es gibt sie im Wert von 5, 10 und 20 \$, man erhält sie in Zeitschriften- und Lebensmittelläden. Von der Telefonzelle ruft man die auf der Karte vermerkte Nummer an und kann dann nach Eingabe der Karten-Geheimnummer die gewünschte Telefonnummer wählen.

Eine Besonderheit sind die kostenlosen 1-8xx-Nummern (z. B. 1-800, 1-877), über die man bei Hotels, Fluggesellschaften oder Autovermietern reservieren kann. Das Telefonieren vom Hotel aus kann teuer werden, da viele Hotels unverschämt hohe Zusatzgebühren verlangen!

In New York gibt es folgende Vorwahlnummern *(area codes):* 212 und 646 für Manhattan, 347, 718 und 929 für Gebiete außerhalb von Manhattan, 917 für alle fünf *boroughs* von New York und die Bronx.

Trinkgelder

In den Vereinigten Staaten erhält der Angestellte in Dienstleistungsberufen vom Arbeitgeber oft nur den Mindestlohn; den größten Teil seines Einkommens bezieht er direkt vom Bedienten über das Trinkgeld.

Im Restaurant lässt man daher üblicherweise 15–18 % des Rechnungsbetrages auf dem Tisch liegen. Folgende Trinkgelder werden erwartet: für die üblichen Dienste (Roomservice, Taxibestellung etc.) 1–2 \$, Kofferträger pro Gepäckstück 1–2 \$, Zimmermädchen pro Tag 2 \$, Zimmerkellner und Taxifah-

rer 10–15 % des Rechnungsbetrages, Schuhputzer und Garderobenpersonal 1–2 \$, an der Bar 50 ¢ pro Drink.

Vorsichtsmaßnahmen

New York ist sicher geworden, aber wie in jeder Großstadt sollte man auch hier zur Vorsicht bestimmte Schutzvorkehrungen treffen:

- Zur Aufbewahrung von Wertgegenständen den Hotelsafe benutzen.
- Einsame Straßen und Parks meiden, v. a. nachts.
- Nie größere Bargeldbeträge bei sich tragen. Mit Reiseschecks und Kreditkarte kann man fast überall bezahlen.
- Sollte man wirklich überfallen werden: dem Straßenräuber schnell und ohne Gegenwehr geben, was er will.

Zeit

In New York gilt die Eastern Time (MEZ minus 6 Std.). Von Anfang April bis Ende Oktober ist Sommerzeit *(daylight saving time),* d. h. die Uhren werden um 1 Std. vorgestellt. Die Stunden von 0–11.59 Uhr werden mit dem Zusatz a. m. (ante meridiem = vormittags), die Stunden von 12–23.59 Uhr mit p. m. (post meridiem = nachmittags) näher bezeichnet. 15 Uhr heißt also 3 p. m.

Zoll

Zollfrei in die USA eingeführt werden dürfen 200 Zigaretten oder 50 Zigarren oder 2 kg Tabak, weiterhin 1 l Alkohol (ab 21 Jahre) und Geschenke bis zum Wert von 100 \$. Blumen und Lebensmittel aus tierischen und pflanzlichen Erzeugnissen (Obst, Käse, Wurst) dürfen nicht eingeführt werden (aktuelle Zollbestimmungen unter www.cbp.gov).

Für die Wiedereinreise ins Heimatland ist zu beachten, dass aus den USA mitgebrachte Geschenke den Gesamtwert von 430 € bzw. 300 CHF nicht übersteigen dürfen.

Register

Bildnachweis

Coverfoto Flatiron Building © Huber Images/Pietro Canali

Fotos Umschlagrückseite © mauritius images/Alamy (links), Jahreszeitenverlag/Hendrik Holler (Mitte); shutterstock/Andrew F. Kazmierski (rechts)

Alamy/Stacey Walsh Rosenstock: 115; Alamy Stock Photo/Patrick Batchelder: 68; Alamy Stock Photo/Peter Horree: 37; APA Publications/Perrottet: 59, U2-2; Ken Chowanetz: 8 o, 9 o, 9 u, 10; Fotolia/biegles: 164; Fotolia/Bruno Bernier: 169; Fotolia/Gary: 13; Fotolia/MasterLu: 17; Fotolia/mshch: 8 u; Fotolia/pixs:sell: 78; Fotolia/rabbit75_fot: 139; Fotolia/sborisov: 122; Fotolia/tektur: 110; Fotolia/KorayErsin: 89; Hotel Four Seasons: 34; Hotel Library: 33; Huber Images/Gräfenhain: 52/53; Huber Images/Susanne Kremer: 49; Huber Images/Riccardo Spila: 20/21; Ken Howard/BMP: 50; iStockphoto/wdstock: 43; Jahreszeitenverlag/Hendrik Holler: 14; Jahreszeitenverlag/Philip Koschel: 23, 45, 75, 145, 161, U2-1, U2-4; laif/Christian Heeb: 81; laif/hemis: 149; laif/hemis/Bertrand Rieger: 154; laif/hemis.fr/Bertrand Gardel: 117; laif/Frank Heuer: 71; laif/B. Jonckmanns: 64; laif/Modrow: U2-3; laif/Polaris: 61; laif/Redux/NYT/Devin Yalkin: 38; laif/Stefan Sahm: 63; laif/Sasse: 28, 31, 40, 119, 134; Sabine von Loeffelholz: 86, 131, 141, 157, 159; LOOK-foto/Franz Marc Frei: 143; mauritius images/age: 66; mauritius images/Alamy: 6/7; Pixelio/Caspary: 128; seasons.agency/Jalag/Bärbel Miebach: 35; seasons.agency/Jalag/Philip Koschel: 84, 90, 136, 150; shutterstock/FotoHamBorg_Borg Enders: 170; shutterstock/Antonio Gravante: 87; shutterstock/Andrew F. Kazmierski: 167; shutterstock/kropic1: 94; shutterstock/littleny: 98, 105, 113, 152; shutterstock/Diego Mariottini: 133; shutterstock/Melpomene: 76; shutterstock/Stuart Monk: 97; shutterstock/Victor Moussa: 38; shutterstock/Sean Pavone Photo: 102, 121; shutterstock/pii3: 82; shutterstock/pio3: 25; shutterstock/pisaphotography: 166; Whitney Museum of American Art/Ed Lederman: 106

Liebe Leserin, lieber Leser,
wir freuen uns, dass Sie sich für diesen POLYGLOTT on tour entschieden haben.
Unsere Autorinnen und Autoren sind für Sie unterwegs und recherchieren sehr gründlich, damit Sie mit aktuellen und zuverlässigen Informationen auf Reisen gehen können.
Dennoch lassen sich Fehler nie ganz ausschließen. Wir bitten Sie um Verständnis, dass der Verlag dafür keine Haftung übernehmen kann.

Ihre Meinung ist uns wichtig. Bitte schreiben Sie uns:
TRAVEL HOUSE MEDIA GmbH, Redaktion POLYGLOTT, Grillparzerstraße 12,
81675 München, redaktion@polyglott.de, Tel. 089/450 00 99 41
www.polyglott.de

1. aktualisierte Auflage 2017

© 2017 TRAVEL HOUSE MEDIA GmbH München
Dieses Buch wurde auf chlorfrei gebleichtem Papier gedruckt.
ISBN 978-3-8464-2010-2

Bei Interesse an maßgeschneiderten POLYGLOTT-Produkten:
Verónica Reisenegger
veronica.reisenegger@travel-house-media.de

Bei Interesse an Anzeigen:
KV Kommunalverlag GmbH & Co KG
Tel. 089/928 09 60
info@kommunal-verlag.de

Redaktionsleitung: Grit Müller
Verlagsredaktion: Anne-Katrin Scheiter
Autoren: Christine Metzger, Ken Chowanetz
Redaktion: Anja Lehner
Bildredaktion: Barbara Schmid und Anne-Katrin Scheiter
Mini-Dolmetscher: Langenscheidt
Layoutkonzept/Titeldesign: fpm factor product münchen
Karten und Pläne: Theiss Heidolph und Kunth Verlag GmbH & Co. KG
Satz: uteweber-grafikdesign
Herstellung: Anna Bäumner
Druck und Bindung: Printer Trento, Italien

PEFC/18-31-506

Ein Unternehmen der
GANSKE VERLAGSGRUPPE

Mini-Dolmetscher Englisch

Allgemeines

Guten Morgen.	Good morning. [gud **mohr**ning]
Guten Tag. (nachmittags)	Good afternoon. [gud äfter**nuhn**]
Hallo!	Hi! [hai]
Wie geht's?	How are you? [hau **ahr**_ju]
Danke, gut.	Fine, thank you. [**fain**, θänk_ju]
Ich heiße ...	My name is ... [mai **nehm**_is]
Auf Wiedersehen.	Bye-bye. [baibai]
Morgen	morning [**mohr**ning]
Nachmittag	afternoon [äfter**nuhn**]
Abend	evening [**ihw**ning]
Nacht	night[nait]
morgen	tomorrow [tu**morr**oh]
heute	today [tu**deh**]
gestern	yesterday[**jes**terdeh]
Sprechen Sie Deutsch?	Do you speak German? [du_ju spihk **dsehöhr**mən]
Wie bitte?	Pardon? [**pahr**dn]
Ich verstehe nicht.	I don't understand. [ai **dohnt** ander**ständ**]
Würden Sie das bitte wiederholen?	Would you repeat that please? [wud_ju ri**piht** ðät, plihs]
bitte	please [**plihs**]
danke	thank you [**θänk**_ju]
Keine Ursache.	You're welcome. [johr **wäll**kamm]
was / wer / welcher	what / who / which [wott / huh / witsch]
wo / wohin	where [wäər]
wie / wie viel	how / how much [hau / hau **matsch**]
wann / wie lange	when / how long [wänn / hau **long**]
Wie heißt das?	What is this called? [**wott**_is ðis kohld]
Wo ist ...?	Where is ...? [**wäər**_is ...]
Können Sie mir helfen?	Can you help me? [kän_ju **hälp**_mi]
ja	yes [jäss]
nein	no [noh]
Entschuldigen Sie.	Excuse me. [iks**kjuhs** mi]
Gibt es hier eine Touristeninformation?	Is there a tourist information? [is_ðər_ə **tuə**rist infər**mehsch**n]
Haben Sie einen Stadtplan?	Do you have a city map / a list of hotels? [du_ju häw_ə **ßi**ti mäpp]
Rufen Sie bitte die Polizei.	Please call the police. [**plihs** ðə pə**lihs**]

Shopping

Wo gibt es ...?	Where can I find ...? [wäə kən_ai faind ...]
Wie viel kostet das?	How much is this? [**hau**_matsch is_ðis]
Das ist zu teuer.	This is too expensive. [ðis_is **tuh** iks**pänn**ßiw]
Das gefällt mir (nicht).	I like it. / I don't like it. [ai laik_it / ai **dohnt** laik_it]
Wo ist eine Bank?	Where is a bank? [**wäər**_is ə_**bänk**]
Ich suche einen Geldautomaten.	I am looking for an ATM. [aim **luck**ing fər_ən **äti**hem]
Geben Sie mir zwei Pfund (ca. 900 g) Tomaten.	Could I have two pounds of tomatoes. [kud_ai häw **tuh** paunds_əw tə**mäi**tohs]
Haben Sie deutsche Zeitungen?	Do you have German newspapers? [du_ju häw **dsehöhr**mən **nuhs**pehpers]

Essen und Trinken

Die Speisekarte, bitte.	The menu please. [ðə **män**nju plihs]
Brot	bread [bräd]
Kaffee	coffee [**koff**i]
Tee	tea [tih]
mit Milch / Zucker	with milk / sugar [wið_**milk** / **schugg**er]
Orangensaft	orange juice [**orr**əndseh_**dseh**uhs]
Mehr Kaffee, bitte.	Some more coffee please. [ßəm_moh **koff**i plihs]
Suppe	soup [ßuhp]
Fisch	fish [fisch]
Meeresfrüchte	seafood [**ßih**fud]
Fleisch	meat [miht]
Geflügel	poultry [**pohl**tri]
Beilage	sidedish [**ßaid**disch]
vegetarische Gerichte	vegetarian food [wädseh**ə**täriən fud]
Eier	eggs [ägs]
Salat	salad [**ßäl**əd]
Dessert	dessert[di**söhrt**]
Obst	fruit [fruht]
Eis	ice cream [ais **krihm**]
Wein	wine [wain]
weiß / rot / rosé	white / red / rosé [wait / räd / **roh**seh]
Bier	beer [bir]
Mineralwasser	mineral water [**minn**rəl wohder]
Ich möchte bezahlen.	The check, please. [ðə **tscheck**, plihs]

Meine Entdeckungen

....

....

....

....

....

....

....

....

....

....

....

....

....

....

....

....

....

Clevere Kombination mit  **Stickern**
Einfach Ihre eigenen Entdeckungen mit Stickern von 1–16 in der Karte markieren
und hier eintragen. Teilen Sie Ihre Entdeckungen auf facebook.com/polyglott1.

Checkliste New York

Nur da gewesen oder schon entdeckt?

☐ **Central Park mit Millionärsaugen**
In der Lobby Lounge des Mandarin Oriental genießt man bei einem Kaffee den privilegierten Blick, der sonst den Bewohnern der angrenzenden Luxusapartments vorbehalten ist. › S.130

☐ **New York Cheesecake**
Bei Eileen's Special Cheesecake bekommt man den Glücklichmacher mit leckerem Salted Caramel Frosting. › S. 14

☐ **Bücher meilenweise**
2,5 Mio. Bücher, neue, gebrauchte und vergriffene, stapeln sich in den Regalen des Strand Book Store; im Rare Books Room kann man in Originalausgaben blättern. › S. 15

☐ **Window Shopping auf der Fifth Avenue**
Wer seine Kreditkarte schon überstrapaziert hat, bewundert zumindest die toll dekorierten Schaufenster. › S. 136

☐ **Grüne Oase auf Stelzen**
Der originelle High Line Park wurde auf den Gleisen einer ehemaligen Hochbahntrasse angelegt. › S. 15

☐ **Mozart in der Met**
Weltstars, spektakuläre Inszenierungen und unglaublich aufwendige Bühnenbilder garantieren einen unvergesslichen Opernabend. › S. 48

☐ **Weltreise mit der U-Bahn**
Bei einer Fahrt mit der Linie 7 durch Queens lernt man sieben ethnische Neigbourhoods mit ihren Spezialitäten kennen. › S. 13

Mitbringsel für Daheim

MoMA-Design für Zuhause: z.B. die magnetischen Vasen von Shahar Peleg › S. 16

Süßes mit Botschaft: Mit »I love you« oder den eigenen Initialen bedruckte M & Ms › S. 16